Martin Droschke

Von
HUNDE
FRESSERN
und
ZWIEBEL
TRETERN

Wie die Franken
ihre Nachbarn nennen
und warum

emons:

Vorwort

Liebe Leserinnen, liebe Leser,

Franken ist ein kompliziertes Gebilde aus Regionen, Städten, Ortschaften, vor allem aber aus Bier. Das war's dann aber im Großen und Ganzen auch schon mit der Komplexität meiner geliebten Heimatregion.

In Ermangelung größerer geografischer, historischer oder sonstiger Sensationen beschränkte sich der Franke in den vielen Jahrhunderten seiner Existenz vorwiegend auf sich selbst. Die große weite Welt war ihm fremd und blieb es im Prinzip auch bis heute. Dieses Desinteresse dem Fremden gegenüber förderte einerseits ein nicht unbeträchtliches Beharrungsvermögen, was Traditionen und Althergebrachtes anbelangte, andererseits auch die intensive Beschäftigung mit sich selbst und seinen Nachbarn.

So entstanden aus der mal mehr, mal weniger freundlichen Absicht der Abgrenzung von der Nachbarkommune Benennungen für Mitbürger angrenzender Ortschaften, die, wie im Fränkischen üblich, treffend, aber nicht selten ohne jegliche Sensibilität den dort Wohnenden gegenüber daherkamen. So mag sich der geneigte Leser beispielsweise über Bezeichnungen wie »Die Köpfer« für die Einwohner der kleinen Ortschaft Unterbrunn bei Bad Staffelstein erschrecken. Aber wenn man einem Verstorbenen den Kopf abhackt und ihn zwischen die Beine des Abgelebten stopft, damit der Körper in den zu klein geratenen Sarg passt, dann braucht man sich über die Phantasie seiner Nachbarn nicht zu wundern, die in den umliegenden Wirtschaften in allabendlicher Runde fleißig am neuen Ortsnamen basteln. Dies ist nur ein Beispiel von vielen. 71 weitere finden Sie auf den folgenden Seiten.

So wünsche ich allen Lesern und Leserinnen viel Spaß, vor allem aber neue Erkenntnisse über die unumwundene Lebensart des Franken, die sich beim Lesen dieses Buches zweifelsohne offenbaren wird.

Mit fränkischem Gruß,
Helmut Vorndran

Gowedler

Wo man die Kuh mit zwei Buchstaben spricht

Bekannt sind die Menschen des Odenwalds für ihren Mangel an intellektueller Schlagfertigkeit. Dennoch haben auch sie sich daran versucht, die Eigenheiten von Orten und deren Bewohnern uncharmant auf den Punkt zu bringen. Mehr als Gebabbel ist bei ihnen aber nicht herausgekommen. Bestes Beispiel: das schnuckelige Amorbach, im Jahr 734 gegründet, um die im Dschungel versteckten Eingeborenen zu zivilisieren. Von Mönchen, deren Kloster sich im Lauf der Jahrhunderte mit einer Stadt umkränzte. Als Gowedler werden die Amorbacher beschimpft. Was sie im Fasching auch noch fröhlich feiern. Als was bitte?

Gebabbel, so heißt die Mundart, die im fränkischen Odenwald gesprochen wird, sie ist mit der pfälzischen Schprooch durchsetzt. Mit Logik erschließbar ist sie nicht. Aber liebenswert. Denn Schüler dürfen ihre Lehrer ungestraft einen Haagsäicher, einen Heckenpinkler, nennen. Müssen die Eleven durch Sturm und Regen nach Hause gehen, spricht man von Gowedler-Wetter. Von was bitte? Das einzige überzeugende Erklärungsmodell der Heimatforschung interpretiert das »Go« als Kuh und das »wedler« als ihren Schwanz. Rinder haben, sofern sie auf die Weide dürfen, eine pedantische Angewohnheit. Sie richten ihren Körper so aus, dass ihr breiter Hintern die Richtung anzeigt, aus der der Sturm kommt. Warum? Damit ihre Nase im Windschatten liegt. Das macht das Atmen leichter. Ganz nebenbei hilft es, sich zu orientieren. Die Bewohner von Amorbach wechselten derart häufig ihre Staatsangehörigkeit, dass sie oft selbst nicht mehr gewusst haben, aus welcher Hauptstadt gerade der Wind weht. Aufgezogen ist das Gowedler-Wetter 1803. In diesem Jahr wurde das Kloster aufgelöst. Abtei und Stadt gingen im neu geschaffenen Fürstentum Leiningen auf. Schon 1806 musste man sich umstellen, war jetzt Untertan des Großherzogtums Baden. 1810 wurde man Hesse. 1816 noch einmal ein Wechsel. Zum Königreich Bayern.

Die Revolution isst ihren Rehbraten

Lohnt ein Besuch?

»Zu Unrecht und zu Recht ist mir Amorbach das Urbild aller Städtchen geblieben, die anderen nichts als seine Imitation«, schwärmte Theodor W. Adorno, Ziehvater der 68er-Generation, über die heute 4.000 Einwohner kleine Kuriosität von Stadt am Rand des Odenwalds. Zeit seines Lebens empfand der Philosoph das gefühlt zur Hälfte von einem Barockkloster okkupierte Fachwerk-Durcheinander als »einzigen Ort auf diesem fragwürdigen Planeten, in dem ich mich im Grunde zu Hause fühle«. Kein Wunder, dass Adornos Schriften bei jungen Lesern heute kaum mehr ankommen. Die Tagesausflügler, die in großer Zahl von Reisebussen ausgespuckt und wenig später wieder eingesaugt werden, sind ausnahmslos jenseits der 60. Amorbach strahlt die Frische von Obst aus, das die Uroma eingemacht hat und das seither im hintersten Eck des Vorratskellers steht.

Was sollte man gesehen haben?

Die Kuranlage Jordansbad schloss 1913, Europas größte Sammlung von Teekannen 2017. Geblieben ist ein **verträumtes Altstädtlein**, in dem man alle Szenen aus den Heimatschmonzetten der 1950er, die durch einen dummen Zufall abhandengekommen sind, aus dem Stand nachdrehen könnte. Und das **Kloster**, fast 1.300 Jahre alt? Man muss ein Faible für den deutschen Kleinadel haben, speziell für das Geschlecht der von Leiningen, die heutigen Besitzer. Dann kann der ab 1783 neu erbaute, klobige Barockkasten mit Angeberbibliothek und leicht jüngerer Kirche tatsächlich Freude machen (Führung April–Ende Okt. täglich 12 und 15 Uhr, Kirche gesondert zugänglich). Adorno aß am liebsten im **Deutschen Hof**, Rehbraten in Rahmsoße. Heute stehen dort Pizza und Pasta auf der Speisekarte (Löhrstraße 32, täglich außer Di 11.30–14.30 und ab 17 Uhr). Weil zu Amorbach klassische deutsche Küche besser passt, als Tipp das **Amorstüberl**, eine urige Weinstube mit Patina (Johannisturmstraße 6, Mo ab 8 Uhr, Mi–So ab 14 Uhr).

Wolfshenker

Auch Tote müssen sterben

In den Augen unserer Vorfahren war er das Böse schlechthin. 150 Jahre musste sich niemand mehr vor ihm fürchten. Bis er Ende 2016 nach Franken zurückkehrte. »Willkommen, Wolf«, jubelte der Bund Naturschutz und warb um Patenschaften, damit das herzensgute Tier, dem der Mensch so übel mitgespielt hatte, auch bei uns »wieder sicher leben kann«.

Nicht herzensgut war das Exemplar, das am 11. Juli 1685 in einem elfjährigen Jungen, der in Rutzendorf, vier Kilometer vor Ansbach, Pferde hütete, eine leichte Beute erkannte. Zwei Tage später biss der Wolf eine junge Frau tot. Am helllichten Tag. Am 1. August fiel er bei Neuses einen Jungen an, der sich retten konnte, und eine Frau, die ihn mit einer Sichel abwehrte und ihm ein Ohr abschnitt. Satt wurde er erst wieder am 23. September, sein Mahl war ein sechs Jahre alter Bub, die Mutter hatte das Kind ins Wirtshaus geschickt, um den Vater zu holen, denn etwas Hundeartiges war auf ihrem Hof herumgestreunt. Obwohl jetzt eine stattliche Belohnung ausgesetzt wurde, gelang es erst am 9. Oktober, das Monster zu fangen. Beim Versuch, ein weiteres Kind zu reißen, stürzte es in einen Brunnen. Sofort schlug man es tot.

Wölfe, wird der Bund Naturschutz nicht müde zu erklären, greifen keine Menschen an, es sei denn, sie sind krank. Oder nicht bei Sinnen. Dass dem so ist, wusste man auch im 17. Jahrhundert. Im Jahr zuvor, im April 1684, war Michael Leicht verstorben, ein verhasster Ansbacher Bürgermeister. Man hielt es für unwahrscheinlich, dass seine Seele erlöst würde, denn er hatte in die Kasse der Armenfürsorge gegriffen. Mehrere Zeugen sahen ihn als Untoten unter den Lebenden umhergehen.

Deshalb steckten die Ansbacher den Wolfskadaver in Menschenkleidung und machten ihm den Prozess. Denn eines war klar: Das da war Michael Leicht. In Gestalt eines Werwolfs. Ein Galgen wurde errichtet, der Delinquent nach Recht und Gesetz gehängt.

Ausflug auf der Fährte des Bösen

Lohnt ein Besuch?

Das Monster, das 1685 die Ansbacher in eine mehrmonatige Panik versetzte und ihnen den bis heute gern gebrauchten Spitznamen »Wolfshenker« eingebracht hat, gab es wirklich. Wer sich auf Spurensuche begeben will, wird freilich nicht mehr als ein paar hübsche kleine Dörfer zu Gesicht bekommen, in denen sich Fuchs und Hase wie eh und je auf offener Straße frohgestimmt Gute Nacht sagen, denn bis dorthin sind die neuen Wölfe noch nicht vorgedrungen. Mehr Spaß macht sie in Ansbachs Altstadt, denn die ehemalige Markgrafen-Residenz ist reich an Besuchermagneten, Kleinoden, Cafés, Restaurants – und überhaupt eine Augenweide.

Was sollte man gesehen haben?

Rutzendorf, wo der Wolf zum ersten Mal zuschlug, ist 70 Einwohner klein und heute ein Ortsteil von Sachsen; nimmt man auf dem Weg nach Ansbach die ungünstigere Autobahnabfahrt 53 Lichtenau, kommt man fast direkt daran vorbei. Höfstetten, noch kleiner und Schauplatz des zweiten Todesfalls, liegt drei Dörfer weiter im Westen und gehört bereits zur Stadt Ansbach. Sein Ohr und schließlich auch sein Leben verlor der Wolf in Neuses, wir müssen quer durch Ansbach Richtung Nordwest. Das sechsjährige Kind riss er in Leidendorf, einem Ortsteil des Marktes Weidenbach zehn Kilometer südlich von Ansbach. Das Wolfsfell befand sich bis zu dessen Auflösung im **Kunst- und Kuriositätenkabinett der Residenz Ansbach** (Schauräume mit Porzellan-Sammlung täglich außer Mo, April–Sep. 9–18 Uhr, Okt.–März 10–16 Uhr). Es schlummert heute in einem Depot des Ansbacher Stadtarchivs. Den eingekleideten Kadaver aufgehängt hat man im Stadtteil mit dem sprechenden Namen **Galgenmühle** (von der großen Kreuzung an der Residenz aus der Schlossstraße circa 500 Meter nach Norden bis zum Abzweig der Straße Galgenmühle folgen, aber nicht enttäuscht sein, dass es nicht wirklich etwas zu sehen gibt). Ab 1468 war die damalige Einöde der Richtplatz der Stadt.

Aschenbecher

Dumme Jungs haben keinen blauen Dunst

Zehnjährige Jungs sind seltsam. Eines ihrer liebsten Vergnügen: ihr Umfeld mit selbst erfundenen Witzen zu traktieren. Da das Denkerstübchen in diesem Alter aber nur provisorisch mit dem Sprachzentrum verschaltet ist, zündet keine der Pointen. Beobachten wir zwei Knirpse. Juli, Sommerhitze, ein Feldweg. Die Freunde haben eine Vollbremsung eingelegt, Staub aufgewirbelt. Sie steigen von ihren Fahrrädlein ab. Ein Monstrum von Maschine rasiert ein Getreidefeld kahl. Der Gewitztere der beiden boxt seinen Kumpel auf den Oberarm und fragt: »Was kriegt ein Schaf, das was ausgefressen hat?« »Aua!« »Nee. Mähdresche!«

Diese Vorform an Humor lässt nicht nur Eltern leiden wie Karajan bei einem Konzert der Sex Pistols. Noch schlimmer betroffen sind die Aschebescher – zu Hochdeutsch: die Aschaffenburger –, die, man hört es am Dialekt, aus Sicht der Mittelfranken bereits zu den Aussätzigen, den Drübigen, den Hessen zählen. Der Herrgott hat den Spessart nicht um-

sonst als Grenzsperranlage konzipiert, der Franke möchte seine Ruhe haben, und so ein Wall hält ihm die Fremden vom Leib.

Der Herrgott hat aber auch gemacht, dass sich jeder Mittelfranke zum einzig Wahren bekennt, dem 1. FC Nürnberg, Clubberer ist, und dass er deshalb Spieltag für Spieltag auf die Entwicklungsstufe eines Zehnjährigen zurücksackt. Ob erste, zweite oder Regionalliga, wir stellen ihn uns in diesem Zustand und als Rotte vor. Auswärtssieg in Frankfurt, Zug kaputt, in Aschaffenburg hängen geblieben. Lebhaft, wie Jungs nun einmal sind, schnappen sie natürlich auf, dass man dort zum Totlachen komisch spricht. Weil das Denkerstübchen aber nur provisorisch mit dem Sprachzentrum verschaltet ist, fällt den neuklugen Buben nicht weiter auf, dass sie, wieder zurück auf ihrer Seite des Spessartwalls, ein S verloren und dafür ein N hinzuerfunden haben. Aschebescher? Aschenbecher! Sorry, mehr steckt da nicht dahinter.

Wo Häuschen schwimmen könnten

Lohnt ein Besuch?

Es ist tatsächlich so: In Aschaffenburg strandet man, weil auf die ICE-Strecke Nürnberg–Frankfurt ein Baum gefallen ist, aber man fährt nicht extra dorthin. Je nachdem, wie viele Stunden die Deutsche Bahn einem gibt, führt man sich entweder im Schnelldurchgang das Elend des deutschen Nachkriegsstädtebaus vor Augen. Oder man hat die Zeit, die es für die Schokoladenseite des 1814 vom Fürstbistum Mainz zum Königreich der Wittelsbacher konvertierten und vom Kini Ludwig I. (1786–1868) innig geliebten »bayerischen Nizza« braucht.

Was sollte man gesehen haben?

Aschaffenburgs Schokoladenseite erfordert die Bereitschaft, sich an die Fersen des deutschen Bildungsbürgertums zu heften und sich in dessen Tradition für Heiligenstatuen, Monarchenporträts und Silberlöffel zu begeistern. Die dem Bahnhof nächstgelegene Pflichtadresse ist das für Ludwig I. 1840 bis 1848 erbaute **Pompejanum**, eine antike römische Villa am Ufer des Mains, die zwar nicht wohnlich war, dafür aber auf der Höhe des damaligen Wissensstands der Archäologie (Pompejanumstraße 5, ab Ende März 9–18 Uhr, Okt. 10–16 Uhr, dann Winterpause). Pflichtadresse Nummer zwei ist das einschüchternd wuchtige, 1605 bis 1614 aus kastanienbraunem Sandstein aufgetürmte **Schloss Johannisburg**, die Residenz der Mainzer Erzbischöfe und Kurfürsten. Hier wird es ernst, denn der Kasten ist so groß, dass gleich drei Museen reichlich Platz finden. Da ist zunächst das Schloss selbst inklusive der weltgrößten Sammlung von Architekturmodellen aus Kork, dann das **städtische Schlossmuseum** und zu guter Letzt die **Staatsgalerie** mit Werken von Rubens (Schlossplatz 4, April–Sep. 9–18 Uhr, Okt.–März 10–16 Uhr). Aschaffenburg hat sich seinen Spitznamen übrigens zu Herzen genommen. Die meisten Mülleimer sind mit einem solide gefertigten Einsatz versehen, der nur dafür da ist, dass man auf ihm seine Zigarette ausdrückt.

Rachozibrunzer

Weil's auch die feinen Göckel drückt

Anfang des 18. Jahrhunderts wusste man über das Innere des menschlichen Körpers, seine Organe und ihre Funktion, noch nicht viel. Die Kirche mochte es nicht, dass man Tote aufschnitt, um in der Bauchhöhle nachzusehen. Aber eines hatte sogar der dümmste Bauerntölpel verstanden: dass zwischen dem, was man über den Mund in sich hineinbefördert, und dem, was unten herauskommt, ein Zusammenhang besteht. Immer, wenn er sich oben Rote Bete einfüllte, nahm das, was normalerweise gelb aus ihm herauslief, vorübergehend die Farbe der Rüben an.

In dieser Zeit fragte sich der Rat des von Würzburg aus regierten, von der Fränkischen Saale durchflossenen Städtchens Kissingen, wie man der über die Pest gestolperten und gleich hernach vom Dreißigjährigen Krieg zu Boden geworfenen Wirtschaft wieder auf die Beine helfen konnte. Zunehmende Hochwasser drohten, die Einnahmequellen endgültig fortzuspülen, die vormals für einen soliden Wohlstand gesorgt hatten. 1737 schickte der Würzburger Fürstbischof seinen besten Baumeister, um den Fluss umzuleiten. Kurbetrieb, hurra! Man war wieder Bad!

Gezündet hat das Konjunkturprogramm aber vor allem, weil der Name, den man einer anderen, lange versiegten Quelle gab, die durch Bauarbeiten wieder zu sprudeln begann, ein Geniestreich war. Der märchenhaft reiche ungarische Fürst und Freiheitsheld Franz II. Rákóczi (1676–1735) – der gemeine Franke kann seinen Namen nur ungefähr nachsprechen – wurde von Europas Oberschichten so hysterisch verehrt wie in den Sechzigern die Beatles von kreischenden Teenagern. 1741 reisten 157 wohlbetuchte Gockel mit ihren Hennen zur Bad Kissinger Rakoczy-Quelle, um mit deren eisenhaltigem Natrium-Chlorid-Säuerling ihre Gallen- und Magenprobleme wegzutrinken. 1788 kamen 256 wohlbetuchte Gockel mit ihren Hennen. Auch in ihren Hosen klopfte, so fein sie auch taten, wie bei jedermann alle paar Stunden das gewisse Bedürfnis des Brunzens an.

FÜRST

FRANZ II. RÁKOCZY

1676 – 1735

So schön ist's nur in schlechten Filmen

Lohnt ein Besuch?

Weil Monarchen wie kleine Kinder sind und immer auch haben wollen, womit der andere spielt, setzte der bayerische König Ludwig I. (1786–1868) viel daran, dass sein Bad Kissingen die Kurbäder der lieben Verwandten, der Kaiser von Österreich-Ungarn, in den Schatten stellte. Einer seiner Hausarchitekten, Friedrich von Gärtner, Schöpfer der Münchner Feldherrenhalle, entwarf ein filigranes Kurensemble. Der heutige bildschöne Komplex mit einer großen Trinkhalle, einem monumentalen Konzertsaal und einem Wandelgang, dank dem man auch bei strömendem Regen nicht auf den Gesundungsspaziergang verzichten muss, ersetzt es seit 1911. Die mehr unbeholfen als galant wirkenden Leidenden, die im Zeitalter der Igel-Leistungen Ausschau nach einem Kurschatten halten, bewegen sich auf dieser Bühne der Hypochondrie, als wären sie Filmstatisten. Gedreht wird eine jener ZDF-Samstagabend-Schmonzetten, wegen derer Menschen unter 65 den Sender konsequent meiden. Ein einzigartiges Schauspiel! Da die Rakoczy-Quelle wirklich heilt und beim Gesunden heute wie damals höchstens einen vorübergehenden seelischen Schaden verursacht, der auf die Kuratmosphäre zurückzuführen ist, kann die Devise nur lauten: Tassen einpacken nicht vergessen!

Was sollte man gesehen haben?

Im Jugendstil-Wunder des Kurkomplexes sprudelt die **Rakoczy-Quelle** an mehreren Stellen. Die schönere Atmosphäre böte die **Brunnenhalle**, wo freundliche Damen das heilende Nass mit einer glänzenden Messingarmatur zapfen. Allerdings nur, wenn man in Besitz einer Gastkarte ist (wird bei Übernachtung automatisch ausgestellt). Die frei zugängliche Quelle sprudelt in der Wandelhalle, ist optisch recht unauffällig. Zieht man vom Eingang der Wandelhalle eine imaginäre, aber mathematisch gerade Linie durch den Kurpark, weiß man, wo seit 1991 eine **Bronze-Statue Rakoczys** bei Wind und Wetter auf einem Bronze-Stuhl sitzt.

Seeräuber

Die Kaperfahrt vom Obermain

Der schlimmste aller Piraten, Jack Sparrow, der Fluch der Karibik, hat es wieder einmal auf den Punkt gebracht: »Nicht jeder Schatz besteht aus Silber und Gold.« Anders als in Port Royal, dem Hafen seiner abgetakelten Black Pearl, können sich die Bewohner des Kurstädtchens Bad Staffelstein nicht vom Meeresrauschen in den Schlaf wiegen lassen. Dennoch sollen sie das Kunststück vollbracht haben, die Gewitztesten und Kaltschnäuzigsten aus ihrer Mitte heimlich auf Kaperfahrt zu schicken. So zumindest erzählen es sich die, denen die Freibeuter vom Obermain 1961 den heiligen Gral des Wohlstands abgenommen und ihre Beute zehn Flusskilometer südlich bei sich zu Hause angelandet haben, die Lichtenfelser.

Niemals hätte man den Staffelsteinern, die man ja entsprechend ihrer kognitiven Leistungsfähigkeit immer nur die »Pass auf!« nannte, so ein Husarenstück von einem Raubzug zugetraut. Als ihrem Bürgermeister einmal sein Kanarienvogel aus dem Käfig entkommen und auch noch aus dem Fenster geflogen war, hatte sich offenbart, wie schlicht ihre Oberstübchen möbliert sind. Damit ihnen das Tier nicht gänzlich entkam, schloss man die Stadttore. Dann hieß es: suchen! Wer etwas Flatteriges sah, sollte »Pass auf!« rufen. Bis nach Lichtenfels konnte man die »Pass auf!«-Schreie hören. Bis spät am Abend. Dann gaben sie auf.

Infolge des Raubzugs tauchten noch 1961 westlich von Bad Staffelstein Bagger auf und schoben die oberste Erdschicht, den Humus, beiseite. Eigentlich war es längst eine ausgemachte Sache gewesen, dass Lichtenfels den Zuschlag für Europas größten Kiesabbau und damit auch für die Badeseen bekommen sollte, die im Zug der Renaturierung vorgeschrieben waren. Wie auch immer es den Bad Staffelsteinern gelang, die Entscheidung aus München zu ihren Gunsten zu drehen, am Ende bekamen sie, was Lokalpolitikern Gold wert ist: Anziehungskraft für Touristen und Unternehmen.

Anker werfen in einem Badeparadies

Lohnt ein Besuch?

Der ideale Ort für den Sommer hat einen Namen: Bad Staffelstein. Der 1975 eingestellte großflächige Abbau von Kies hat der Stadt so gutgetan, dass sich selbst Menschen, die jedes Wort auf die Waagschale legen, in schwachen Momenten dazu hinreißen lassen, vom fränkischen San Remo zu sprechen. Geboten werden das milde Klima des Maintals und Badespaß pur am Baggerseestrand. Im Hinterland: ein hügeliges Wanderparadies, und fast jedes Dorf hat nach wie vor seine eigene Brauerei. Für die müden Knochen und andere Zipperlein: die Heilwasser-, Spa- und Saunalandschaft der Obermain-Therme. Die Altstadt selbst könnte allerdings ein paar Aufputschmittel gut vertragen, liegt schon ein wenig lange im Dornröschenschlaf.

Was sollte man gesehen haben?

Bad Staffelsteins **Baggerseen** wurden ein gutes Stück außerhalb des Städtchens in das breite, flache Tal gebaggert, das der Main vor Urzeiten erst ausgeschürft und dann mit Kies verfüllt hatte. Am Westsee, der eigentlich den Anglern vorbehalten ist, werden wildes Baden und FKK praktiziert. Über den großen Mittelsee, auch Riedersee genannt, gleiten Segelboote und Surfer, hier ist Baden verboten. Wer pralles Strandleben sucht, fährt von der Innenstadt in Richtung Banz und biegt vor der Brücke über den Main nach rechts Richtung **AquaRiese** ab. Beim Ostsee angekommen, hat man die Wahl, ob einem der Luxus von Umkleidekabinen, Duschen, Toiletten und eines Biergartens zwei Euro Eintritt wert ist oder man sich eine Stelle sucht, an der das Ufer gratis zugänglich ist. Zieht ein Gewitter auf oder eine Kaltfront durch, klemmt man sich einfach seine Klamotten unter den Arm und wechselt ins direkt benachbarte **Hallenbad**. Weil es vielen so geht, dass man von dieser Playa einfach nicht mehr fortwill, haben die Bad Staffelsteiner am Ostsee auch einen **Campingplatz** eingerichtet (Strandbad, Hallenbad, Campingplatz: www.aquariese.de).

Zwiebeltreter

Du sollst doch nicht um deine Ernte weinen

Erst spielt er in Streich Nr. 32 in Nürnberg drei Nachtwächtern übel mit. Dann geht Till Eulenspiegel nach »Bamberg, wo es das beste Gemüse der Welt gibt«. Die Reise des legendären Schalks fällt exakt in jene Zeit, in der man im flachen Schwemmland östlich der Innenstadt Karotten, Kohl und Co. im großen Stil zu kultivieren begann. Mitte des 14. Jahrhunderts bauten sich dort die ersten Gärtner ihr Zuhause. Um 1900 waren es 700 Betriebe. Früh spezialisierte man sich auf Erzeugnisse, die sich auch überregional handeln ließen. Auf Süßholz zum Beispiel, den Zucker des Mittelalters und Grundstoff der Lakritze.

Für Reisende waren die Felder, auf denen die Gärtner ihrer Mühsal nachgingen, das Erste und oft auch das Einzige, was sie von Bamberg zu sehen bekamen. Die große Handelsstraße aus Nürnberg verlief (weitab der Quartiere um den Dom) quer durch das grüne Viertel. So kam es, dass ein bizarres Schauspiel das Bild prägte, das sich die Fremden von

Bamberg machten. Die Gemüsebauern führten es immer dann auf, wenn ihre Zwiebeln eine besonders reiche Ernte versprachen. Genau dann schnallten sie sich Bretter unter ihre Füße, um – unfassbar dämlich! – die Frucht ihrer Arbeit systematisch niederzutrampeln.

Hätten die Reisenden gewusst, dass das Zwiebeltreten mit das Schlauste war, was man sich in Bamberg je hatte einfallen lassen, wäre ihnen ihr hämisches Lachen bereits im Ansatz vergangen. Bis ins 17. Jahrhundert – dann brach der Markt zusammen, das Warum liegt im Dunkel der Geschichte – war man Exportweltmeister für Zwiebelsamen. Drei Jahre dauerte es, bis man diese ernten konnte. Im ersten wurde durch Heruntertreten des Krauts verhindert, dass die Zwiebel blühte – auf dass sich alles Wachstum in der Knolle bündelte. Dasselbe im zweiten Jahr des Anbauzyklus. Sie muss sensationell gewesen sein: die Blütenpracht, die im dritten viele Samen und reichlich Geld versprach.

Zwiebel
Dswiefl

Allium cepa L.
Onion

Wo jeder einen grünen Daumen hat

Lohnt ein Besuch?

Bamberg wurde auf sieben Hügeln erbaut – und wie in der Hauptstadt Italiens stehen sich auch in der Schaltzentrale des bierfränkischen Katholizismus die Ausflügler gegenseitig auf den Füßen herum. Die Massen wissen ganz genau, warum sie kommen. Bamberg, das den Zweiten Weltkrieg nahezu unversehrt überstand, stellt in Sachen Stadtbild, Aura und Lebendigkeit alle anderen Besuchermagnete im Norden Bayerns in den Schatten.

Was sollte man gesehen haben?

Zur Freude aller, in deren Augen das Treiben der Touristen rund um den Dom jedes Maß verloren hat, verlaufen sich nach wie vor nur vergleichbar wenige Besucher in die **Theuerstadt**, das von niedrigen Häuschen geprägte historische Quartier der Gärtner. Es zieht sich die uralte, aus Nürnberg kommende Handelsstraße entlang. Im Norden, wo die Gärtnerstadt auf der Höhe der erst 1912–1914 erbauten Ottokirche beginnt, heißt diese heute Siechenstraße. In dieser Gegend sieht man hinter den meist im Barock erbauten Häusern der Gemüsebauern noch heute weitläufige Felder und Gewächshäuser. Wo die Siechenstraße zur Oberen Königsstraße wird, beginnt der perfekt ausgeschilderte »Rundweg durch die Gärtnerstadt«. Er führt zunächst zum etwas versteckt gelegenen, grandios kuratierten, in einem typischen Wohn- und Arbeitshäuschen eingerichteten »Gärtner- und Häckermuseum«, auf dessen Freifläche Ehrenamtliche vom Aussterben bedrohte lokale Sorten vermehren (Mittelstraße 34, ca. Mai–Okt., www.gaertner-und-haecker-museum.byseum.de). Till Eulenspiegels Streich Nr. 33, die Geschichte einer tolldreisten Zechprellerei, dürfte in einem der unzähligen ehemaligen Wirtshäuser an der Königsstraße gespielt haben, in denen die Reisenden einst Quartier nahmen. Der »Rundweg« bringt uns weiter bis hinaus in den **Stadtteil Wunderburg**. Dessen altes Schulhaus wurde auch genutzt, um Majoran, das fränkische Universalgewürz, im großen Stil zu trocknen.

Mohrenwäscher

Kein Spaß auf Augenhöhe

Das Erbe, das uns der Adel hinterlassen hat, mag ja schön anzusehen sein. Aber es ist auch eine schwere Last. In Bayreuth zum Beispiel finanziert der Steuerzahler noch heute zu einem Gutteil den Unterhalt der sieben Schlösser, die sich die Markgrafen ab 1604 bauen ließen.

Ganz gut abschütteln lassen sich hingegen die immateriellen Hinterlassenschaften des Absolutismus, sofern man den Mut hat, die Vergangenheit mit der reinigenden Kraft der Phantasie aufzuhübschen. Oder doch nicht? Der Mann, dem die Stadt ihren Spitznamen verdankt, so erzählt man es sich heute am liebsten, war ein Gast des Markgrafen. Ebenfalls adelig. Ein Diplomat aus dem afrikanischen Nubien, dem heutigen Sudan. Als der Neger, Mohr, Schwarze – wie auch immer – eines Tages durch die Stadt spazierte, dachten sich die Bayreuther: Da hat sich einer mit Kohle angemalt und will uns zum Narren halten. Sie packten den Burschen, zerrten ihn zu einem Bach, denn eines geht nun wirklich nicht: sich am helllichten Tag über sie lustig zu machen!

Es lässt sich mit großer Sicherheit rekonstruieren, wem die Bayreuther wann genau seinen dunklen Teint abwaschen wollten. Christian Ernst von Brandenburg-Bayreuth, ein Markgraf mit großem Machthunger, Held der Befreiung Wiens von den Türken 1683, legte großen Wert darauf, dass sein Hof dem der großen Könige in nichts nachstand. 1662 heiratete er seine Cousine Erdmuthe Sophie von Sachsen. Sie brachte einen aus dem transatlantischen Sklavenhandel abgezwackten Neger mit, den ihr der dänische König geschenkt hatte und den man 1664 als Christian Ferdinand Mohr in die Gemeinschaft der Christen aufnahm. Er wurde Kammerdiener und der Pauker des Hoforchesters. Wohlerzogene Schwarzafrikaner waren damals der lebendige Beweis, dass man zu den vornehmsten unter den Herrschern zählte. Freilich: Das Volk musste sich auf seine Art erst einmal an den Fremden gewöhnen.

Schaufenster des Barock

Lohnt ein Besuch?

Bayreuth ist mit Sehenswürdigkeiten gespickt, man muss sich entscheiden, welchem Thema man sich bei einem Ausflug widmen will. Alle zusammen passen wahrlich nicht in einen Tag. Weltberühmt ist die vielgestaltige Schönheit als Wahlheimat Richard Wagners, Wirkungsstätten und Reminiszenzen an den Komponisten finden sich überall in der Stadt. Zu Unrecht stellt der Kult um den Erfinder der Glam-Oper Markgräfin Wilhelmine in den Schatten, die Tochter des preußischen Soldatenkönigs Friedrich Wilhelm I. Ihrer Bauwut und ihrer Lust an der Domestizierung der Natur verdanken Bayreuth und Umgebung eine einzigartige Fülle barocker Schlösser und Gärten sowie das Markgräfliche Opernhaus, ein Theater, das im Urzustand erhalten geblieben ist und zum UNESCO-Weltkulturerbe zählt. Dann wären da noch der zotige Dichter Jean Paul, ein legendärer Schluckspecht, das Deutsche Freimaurer-Museum sowie die üppigen Biermuseums- und -erlebniswelten der Brauereien Maisel und Aktien.

Was sollte man gesehen haben?

Auch die Mohren haben in der Stadt ihre Spuren hinterlassen – es müssen etliche gewesen sein, die im 17. Jahrhundert als menschliche Dekoration an den Hof gebracht wurden. Für 1668 etwa ist die Taufe einer um die 14 Jahre jungen Afrikanerin belegt. In der Sophienstraße, die damals Breite Gasse hieß und heute Fußgängerzone ist, lebte ein schwarzer Diener mit seiner Familie. Allerdings erst in den Achzigern. Das Volk dürfte erst im Zusammenhang mit der Beerdigung Erdmuthe Sophies 1670 näher mit dem schwarzen Hofpauker in Kontakt gekommen sein; begeistert vom dortigen Auftreten Christian Ferdinand Mohrs, der ebenfalls Frau und Kinder hatte, gab man einem Eckhaus am Ende der Sophienstraße seinen heutigen Namen: **Mohren-Apotheke**. Der Mühlbach, in dem der Arme gewaschen wurde, fließt heute unsichtbar unter der Kanalstraße, die am Markgräflichen Opernhaus beginnt.

Bratscherben

Wer will guten Kuchen backen?

Ein Russe, das ist dunkles Bier mit Kirschlikör. Muss man mögen. Für Cuba Libre würzt man Cola mit Rum. Lecker! Was aber ist ein Schwedentrunk? Erfunden haben ihn die Mannen des Königs Gustav II. Adolf von Schweden auf einer langen Wanderung durch Deutschland. Im Dreißigjährigen Krieg, vor fast 400 Jahren also. Groß war ihr Durst nach Gold und Silber. Nach Wertsachen aller Art. Und nach Proviant. Rückte ein Dorf nicht freiwillig das letzte Hemd heraus, bekamen die Bewohner das Spezialgetränk eingeschenkt. Ein Erster wurde rücklings auf dem Boden fixiert. Er bekam einen Trichter in den Mund gestopft. Wenn's lustig zugehen sollte, pinkelten die Schweden dort hinein. Ansonsten tat es auch Jauche. Runter damit, literweise, dann mit einem Holzbrett draufgehauen.

In Breitensee, einem Dorf unmittelbar an der Grenze zu Thüringen, haben 90 der damals 300 Einwohner die Grausamkeit, mit der sich nicht nur die protestantischen Schweden ihre Kriegskasse füllten, nicht überlebt. Manches deutet darauf hin, dass dem ein Jahrhundert zuvor zu Luther übergelaufenen, 1588 dann von Valentin Echter von Mespelbrunn, dem Bruder des Würzburger Bischofs, in den Schoß der katholischen Kirche heimgeholten Örtchen mehrfach böse mitgespielt wurde. Auch von kaiserlichen Truppen, die sich mit den Schweden darin abwechselten, die Region von einer schnell hochgezogenen Festung bei Bischofsheim aus zu terrorisieren. Als wieder Frieden herrschte, war kein Haus, kein Möbel und kein Geschirr mehr heil. Mit Ausnahme einer einzigen Kuchen-Backform – umgangssprachlich Bratscherben.

Die 210 Überlebenden konnten sich gerade einmal ein Backhaus für alle zusammenimprovisieren. Auch mussten sie mit jener einen Bratscherben auskommen. Wer sie benutzte, hängte sie hernach an einen Baum, dessen Äste bei Wind auf ihr herumtrommelten. Tock, tock. So laut, dass sich in den Nachbarorten der Spitzname Bratscherben einbürgerte.

Ihre Not wurde zur lieben Gewohnheit

Lohnt ein Besuch?

Wer die maximale Ausformung eines hinterwäldlerischen Savoir-vivre interessant findet, wird an einem Ausflug in einen Hotspot der Beschaulichkeit keinen Schaden nehmen, ja sogar mächtig Spaß haben. Die hinterste Provinz, das ist dort, wo sich Fuchs und Hase mitten auf der Straße Gute Nacht wünschen und sich gar nicht erst bemühen, dem Menschen eine Feindschaft vorzugaukeln. Breitensee liegt noch weiter draußen. Hier, im einstigen Niemandsland an der deutsch-deutschen Grenze, die das Dorf vier Jahrzehnte lang auf drei Seiten eingekapselt hat, teilen sich Frau Reinecke und Meister Lampe ungeniert ein Liebesnest – es sieht ja keiner. Tipp für Sportliche: Fahrrad mit ins Auto packen.

Was sollte man gesehen haben?

Breitensee ist ein Dorf wie aus dem Bilderbuch. Beiderseits eines lang gezogenen Grünstreifens, der sich zu einem Platz mit Park verdickt, reihen sich hübsche Bauernhäuser aneinander – es wundert, dass ARD und ZDF dort nicht all ihre Landidyll-Romanzen drehen. Auch heute kommen die Bewohner am **Gemeinschaftsbackhaus** zusammen, ein paar Meter weiter haben sie einen Grill aufgestellt, auf den jeder seine Würstchen legen kann. Wir aber lieber nicht, denn hier draußen ist man den Umgang mit Fremden nicht gewohnt. Außer am ersten Sonntag im Juli, dann ist Backhausfest. Um Nachsicht wird gebeten. Da man Breitensee in zehn Minuten erlebt hat, gehört der eigentliche Ausflugstag einem echten Geheimtipp, der zehn Kilometer entfernten **Steinsburg**, einer mit 66 Hektar sensationell großen, sich selbst überlassenen Keltenfestung. Sie liegt einsam auf dem Kleinen Gleichberg. Ob mit dem Fahrrad oder dem Auto: Der Weg zu ihr führt über den einstigen Todesstreifen nach Hindfeld und weiter über Gleichamberg und Roth in Richtung Waldhaus. Wanderschuhe und Verpflegung mitnehmen, der Weg zur Keltenburg ist steil, und Wirtshäuser sind in dieser Gegend eine Seltenheit.

Gaßhenker

Es grünt so grün im Oberstübchen

War die Kirche im Dorf wirklich immer nur eine Bastion des Glaubens? Wir stellen uns vor: einst, so vor fünf-, sechshundert Jahren. Natürlich herrscht Krieg. Irgendein Großkopferter fand sich ja immer, der sein Gefolge unter Waffen setzte. Deshalb beten die Bewohner von Bruck, das 1924 nach Erlangen eingemeindet wurde, gerade zum Herrgott, denn er soll für sie Partei ergreifen. Mit derselben Inbrunst wie an einem anderen Ort die Angreifer.

Ein Detail im alten Kirchhof von Bruck legt nahe: Man war sich bewusst, dass sich Gott heraushalten wird. Auf der rückwärtigen Seite hat sich ein Stück der damaligen Mauer erhalten. Eine schmale, fensterartige Öffnung entpuppt sich als Schießscharte. Die Mauer zog sich rund um St. Peter und Paul. Die Brucker hatten sich ihr Gotteshaus zu einer Festung ausgebaut. Näherte sich ein Feind, zogen sie sich in ihren Schutz zurück. Mitsamt ihrem Vieh. Der lebende Vorrat machte satt, wenn sie belagert wurden.

Es sei denn, die Belagerung zog sich so lange hin, bis auch die letzte, noch nicht verspeiste Geiß kein Blatt mehr fand, mäh mäh. Nur im Regenablauf oben auf dem Dach standen noch ein paar Grashalme. Ein so schönes Futter. Wie könnte man Tier und Grün zusammenbringen? »Schauts, wie gierig sie ist, sie steckt schon die Zunge danach aus, so'n Hunger hats«, sollen die Brucker gerufen haben, nachdem sie der Gaß einen Strick um den Hals gebunden und sie damit bis zur Traufe hochgezogen hatten.

Zum Glück weiß man heute nicht mehr, ob die Eltersdorfer, Frauenauracher oder Erlanger so einfältig waren und einfach aus der meistgelesenen deutschen Humoreskensammlung abkupferten. Sonst hätte sich der Spott, den sie über Bruck ausschütteten, postwendend über sie selbst ergossen. »Zieht noch einmal, zieht!«, heißt es in Karl Simrocks (1802–1876) Fassung der Schildbürgerstreiche. Nur ist das zu Tode strangulierte Tier bei ihm eine Kuh.

Wo Evangelische den Kreuzweg beten

Lohnt ein Besuch?

Bruck zieht täglich viel Hass auf sich. Denn wenn sich auf dem Frankenschnellweg, der Autobahn A73, die Ausfahrt in den Erlanger Stadtteil ankündigt, steht man mal wieder blöd da. Im Stau. Und fragt sich, wann zum letzten Mal einer von einem dieser Wohnsilotürme gesprungen ist, die ja wohl der Ort sein müssen. Wer es riskiert, aus der A73 ausfädelt und sich durch einen architektonischen Sadismus bis zum Dorfkern durchkämpft, wird staunen. Bevor Erlangen im 17. Jahrhundert die Rolle eines kümmerlichen Dorfs der Bauerntölpel hinter sich lassen konnte, führte sein heutiger Vorort Bruck an der Regnitz Regie – politisch, wirtschaftlich und kulturell. Hier überquerten die Fernreisenden den Fluss, lag eine strategisch bedeutende Zollstation.

Was sollte man gesehen haben?

Das 19. Jahrhundert hat Brucks **historischen Bilderbuch-Ortskern** auf wenige Straßen und Plätze zusammengestutzt. Die erhaltenen Fachwerk- und Sandsteinhäuser sind stattlich. Da haben Reiche gewohnt! Die gotische **Kirche St. Peter und Paul** findet sich von selbst, einer ihrer größten Schätze ist eine mit lebensgroßen Figuren besetzte Ölberg-Grotte, die Auftaktstation eines katholischen Kreuzwegs also – in fast allen anderen evangelischen Gemeinden wurden sie zerstört. Sollte tatsächlich eine Ziege aus Versehen gehängt worden sein, dann 1449, als die Ansbacher und die Nürnberger unvereinbare Ansichten vertraten, wem von ihnen wie viel Land gehört. Im Ersten Markgrafenkrieg wurde Bruck belagert und zerstört. Stehen blieb nur die Wehrkirche. Allerdings kommt auch der Dreißigjährige Krieg in Frage, an dessen Ende erneut kaum ein Haus mehr stand. Noch wahrscheinlicher: Die Geschichte wurde den Bruckern im 19. Jahrhundert einfach so angedichtet, als dank der Einführung der allgemeinen Schulbildung auch das Volk die Schildbürgerstreiche endlich lesen konnte, erstmals gedruckt wurden sie schon 1597.

Hefmseider

Euer Business stinkt zum Himmel

Wenn eine Oma ihre Lieben an Ostern verwöhnen will, verknetet sie Wasser, Mehl, Hefe, Ei und Butter und backt ihnen einen luftig leichten Zopf. Diese Tradition hat den Bewohnern des Knoblauchslands, des mit einer fast schon vulgären Fruchtbarkeit gesegneten Äckerdreiecks zwischen Nürnberg, Erlangen und Fürth, lange Zeit gestunken.

Der Grund für das Naserümpfen geht auf das Jahr 1840 zurück. Damals erkannte ein 20 Jahre junger Mann in einer Witwe aus dem Dörfchen Buch eine gute Partie. Er hielt um ihre Hand an. Durch ihr Ja in den Besitz einer Gaststätte gelangt, machte Johann Michael Bast aus dem Recht zum Schnapsbrennen, das auf dem Haus lag, aber nicht genutzt wurde, sein erstes gutes Geschäft.

Wie damals üblich, wurde natürlich auch das Bier selbst gebraut. Bei diesem Gewerbe sollten die 1840er und 1850er Jahre alles bisher Dagewesene auf den Kopf stellen. Ab 1841/42 eroberte ein neuer Typ Gerstensaft die Stammtische. Plötzlich ließ sich nur noch Bier verkaufen, das mit untergäriger – und nicht wie bisher mit obergäriger – Hefe vergoren war.

Mögen seine Berufskollegen über die Unsitten der neuen Zeit geflucht haben, Johann Michael Bast freute sich lieber über eine Nische, die sich ihm unabsichtlich auftat. 1855 brachte er die erste Charge eines neuen Produkts auf den Markt: Backhefe. Jahrhundertelang hatten sich die Frauen in den Brauereien versorgt. Aber der neue, untergärige Typ ließ ihre Teige nicht aufgehen. Die »Bast AG Preßhefe-Fabrik« wuchs in Windeseile – mit ihr aber auch eine Wolke übelster Gerüche. Heute lässt man in den Fabrikhallen 35.000 Tonnen Hefm im Jahr von Tank zu Tank rinnen – seichen. Das ist noch mehr, als man denkt. Jedes dritte Hefegebäck verdankt seine Fluffigkeit einem Triebmittel, das in Buch gezogen wurde. Deutschlandweit. Seit man Filtersysteme eingebaut hat, stinkt die Fabrik den Knoblauchsländlern nicht mehr.

Nicht wirklich von Bedeutung

Lohnt ein Besuch?

Weder die weite Ebene des Knoblauchslands, in dem der Hunger der Industriegebiete auf immer noch mehr Fläche die Gemüsefelder Meter um Meter zurückdrängt, noch das 1924 nach Nürnberg eingemeindete Dorf Buch verströmen den Reiz des Besonderen. Wozu auch? Mit diesem Handicap kamen beide schon immer gut zurecht. Buch mag in weiten Teilen von der Erfolgsgeschichte seiner Hefefabrik geprägt sein, wirklich Spaß macht es aber nicht, sich vor Ort auf Spurensuche zu begeben. Denn dieses Kapitel der Nürnberger Industriegeschichte ist dann doch zu randständig, um zum Beispiel an der Vorschule, die 1905 für die Arbeiterkinder errichtet wurde, eine Info-Tafel aufzustellen. Ohne solche Hilfsmittel kann man als Laie aber nicht erkennen, ob ein Straßenzug zum Wohl der Arbeiter errichtet wurde oder dem organisch gewachsenen Bauerndorf zuzurechnen ist.

Was sollte man gesehen haben?

Das Dorf Buch wird von einem Bach in zwei Hälfen zerschnitten. Die Hinterlassenschaften aus den über 160 Jahren, in denen dort Hefe produziert wird, konzentrieren sich auf den südlich des Landgrabens gelegenen Teil. Das **Werk** selbst ist schnell gefunden, man folgt einfach der Bucher Hauptstraße und wird es nicht übersehen. Steht man vor dem Haupttor: Das einfache, aber wuchtige Sandsteingebäude, das den Produktionshallen von uns aus gesehen rechts vorgelagert ist, diente dem Firmengründer als Wohnhaus. Etwa 50 Meter vor der Fabrik bittet uns der **Goldene Adler alias Gasthof Assmanns Bammes** zu Tisch, den die Familie Bast einst ihrer Arbeitersiedlung zugesprochen hatte (Mi–So 11.30–14 Uhr und 17.30–21.30 Uhr). Vor seiner Tür beginnt der Seeweg, in dessen Nr. 9 die kleinsten der Arbeiterkinder ab 1905 die Schulbank drückten. Den Nationalsozialisten galt die Fürsorge als vorbildlich, mit der die Hefewerke ihre Arbeiter zu einer Siedlergemeinschaft zusammenschweißten.

Bärentreiber

Jagdszenen im Dorfidyll

Die Bewohner des westlichen Zipfels von Fürth, des idyllischen Dorfes Burgfarrnbach, haben einen tierischen Fetisch. Was auch immer sich als Bär herzen lässt, heißt bei ihnen so: die zumindest im Verlieren recht erfolgreichen Mannschaften des Fußballvereins, das Kinderteam des Roten Kreuz, die Knirpse aus dem Kindergarten St. Johannis und ein Gässchen, das schon die Ururgroßeltern in sicherem Abstand zum Pfarrhaus zu einer Wirtschaft geleitete, in der man sich eine Schnapsnase holte. Selbstverständlich ist die Fassade des Gasthauses Zum Bären mit einem Bärenrelief dekoriert. Nicht zu vergessen: der Bärenbrunnen am anderen Ende des Ortskerns.

Erklärung? Leider nein! Der durchschnittliche Burgfarrnbacher ist bodenständig, ihm sind die negativen Folgen urbaner Hektik – das in Fürth grassierende vorschnelle Altern von Körper und Geist – bewusst, auch weiß er sich davor zu schützen. Zum Beispiel durch chronisches Beieinandersitzen am Wirtshaustisch. Ein kollektiver Hang zum Masochismus kann also als tiefere Ursache ausgeschlossen werden.

Klar ist lediglich, wie die Burgfarrnbacher auf den Bären gekommen sind. Zumindest für ihre Nachbarn, die Oberfürberger, Unterfarrnbacher, Veitsbronner et cetera. Und vor allem: wann! Tief in der Nacht. Schon vor Stunden hatten sich die Gattinnen ihr Nudelholz zurechtgelegt. Kein Mond glotzte vom Himmel. Eine teigige Schicht Wolken nahm ihm die Sicht. Als die Schluckspechte endlich vor dem Wirtshaus standen, war ihr »Etza servusla« nicht zu verstehen. Vor lauter Wind. Blitz. Donner. Wasser. Eimerweise. »Da!« Ein Ungetüm. Wenn es blitzte, deutlich zu sehen. Suchte wohl Schutz. Alarm! Binnen Minuten war die Bürgerwehr auf der Straße und schoss auf den Bären, bis sich da hinten nichts mehr regte. Die Mutigsten schlichen sich an den Kadaver an, sich gegenseitig Deckung gebend. Was fanden sie? Einen arg zerlöcherten, aufgespannten Regenschirm.

18 Joh Dralz 95

z. Bären Frems

Der Hunger treibt uns hin

Lohnt ein Besuch?

Die klugen Burfarrnbacher wissen, dass sie ihr Dorf nicht übermäßig aufhübschen müssen, um exakt so viele hungrige Städter anzulocken, wie es ihren Wirten gefällt. Zu voll soll es ja auch nicht werden. Der aus ihrer Sicht ideale Gast kommt zum Essen, bleibt zum Verdauungsspaziergang, der ihn in den Schlosspark führt – und trollt sich wieder. Weil es in Burgfarrnbach schmeckt, wollen wir dem nicht widersprechen.

Was sollte man gesehen haben?

Wenn sich die Durchfahrtsstraße, von Fürth her kommend, ein Berglein, die Böschung des Farnbachs, hinaufgequält hat, ist es Zeit, sich einen Parkplatz zu suchen. Da das Dorf seit 1923 zur Stadt Fürth gehört, ist der öffentliche Nahverkehr hervorragend und der Bus als Alternative empfehlenswert. Hier, am östlichen Ortseingang, ballen sich die Reminiszenzen an Meister Petz. Und die Wirtshäuser, sie reihen sich an der Hauptstraße auf, der Würzburger Straße. Das 250 Jahre alte **Gasthaus Zum Bären** wird von einem Griechen betrieben, der in einem rustikal fränkisch eingerichteten Gastraum die Küchentradition seiner Heimat hochhält (Di–Sa ab 17 Uhr, So/Feiertag auch 11–14 Uhr). Links vom Gasthaus beginnt das schmale, unscheinbare Bärengässchen. Gaumen mit höheren Ansprüchen werden im **Restaurant Zur Krone** glücklich, müssen sich aber auf eine Rechnung einstellen, die den Perfektionsgrad der Menüs widerspiegelt (Di–So 11.30–14 Uhr und ab 17 Uhr). Das 20 Meter weiter gelegene **Deutsche Haus** ist eine der letzten fränkischen Dorfwirtschaften, deren Interieur in den Jahren des Wirtschaftswunders zum letzten Mal verändert wurde. Es gibt Hausmannskost, die nicht aus Gründen des Marketings so genannt wird (Di–So 11–15 Uhr). Der Verdauungsspaziergang: durchs Bärengässchen, an dessen Ende links durch ein Sandsteintor in den **Schlosspark**. Ganz nett dort. Das Schloss ist unspektakulär und recht neu: 19. Jahrhundert.

Kreuzköpf

Berühmtheit verprügelt – und stolz darauf

Der Volksmund formuliert scharf. Er ist so treffsicher wie eine Armbrust. Nur ganz selten schießt er auch mal ein Eigentor. Das einst wohlhabende, von einer Burg beschützte Miltenberg am Main zählt zu den Städtchen, deren Bewohner bis heute nicht gemerkt hätten, dass sie genau so eine Ausnahme sind, wenn man es ihnen nicht gesagt hätte. Im 16. Jahrhundert wollten ihre bösen Zungen den Nachbarort, das beschauliche Bürgstadt, gezielt in Verruf bringen. Dumm nur, dass die Bürgstädter bis heute keinen Tag auslassen, um den ihnen so verliehenen Ehrentitel zu feiern: Wir sind die Kreuzköpf!

Die Geschichte, mit der das Kraftwort in die Welt kam, geht aus der Sicht der Miltenberger so: Martin Luther, von ihnen hochverehrt, machte bei ihnen Station – und predigte auch in Bürgstadt. Dort aber schwätzte das Volk in den Kirchenbänken wie Schulkinder am ersten Tag nach den Ferien. Ignorante Kreuzköpf, spinnerte.

Ein Bürgstädter erzählt dasselbe entweder so: Als Luther bei uns predigen wollte, sind wir ihm entgegengezogen, um ihm mitzuteilen, dass man ihn hier nicht haben will. Oder aber er tischt folgende Geschichte auf: Auf dem Friedhof haben wir Kreuze ausgerissen, mit denen sind wir auf ihn los – bei uns hat der Luther Prügel bezogen.

Dass zwischen Miltenberg und Bürgstadt eine religiöse Grenze verläuft und wer welcher Konfession angehört, dürfte sich von selbst erklärt haben. Aber welche der drei Versionen entspricht nun der Wahrheit? Keine! Sollte mit Luther nicht ein anderer Reformator gemeint gewesen sein, der Miltenberger Pfarrer Johann Draconites (um 1494–1566), wie der Heimatpfleger Werner Trost spekuliert, dann hat der Besuchsversuch erst 300 Jahre später und nur auf dem Papier stattgefunden. Denn dass Luther in Miltenberg war, ist der Phantasie des Schriftstellers und Pfarrers Karl Heinrich Caspari (1815–1861) entsprungen.

Rechtgläubigkeit verpflichtet

Lohnt ein Besuch?

Das tiefkatholische, beschauliche Bürgstadt liegt am Ufer des Mains und ist heute nur durch einen Verkehrskreisel vom evangelisch geprägten Touristenhotspot Miltenberg getrennt. Mit einer ansehnlich großen Altstadt, die in sicherem Abstand zum für seine Hochwasser berüchtigten Main auf Ausflügler wartet, und seinen gut 4.000 Einwohnern könnte es ein attraktiver Ort sein. Aber wie ein guter Katholik übt sich der Winzerfleck in der Tugend der Bescheidenheit – ein bisschen Leben auf der Straße, ein bisschen Romantik-Flair, ein bisschen Exaltiertes, ein bisschen Schönheit. Die wenigen Leute, die auf der Straße unterwegs sind, nehmen sich wie anno dazumal gern die Zeit für ein Gespräch. In Bürgstadt verstecken sich zehn Weingüter, von denen immer mehrere ihre Häckerwirtschaft, ihren nur vorübergehenden Ausschank, geöffnet haben. Beim Metzger kann man sich eine Semmel dick mit Wurst belegen lassen. Was willst du mehr, genau das macht doch den Reiz!

Was sollte man gesehen haben?

Hätte Luther wirklich in Bürgstadt gepredigt, würde sich die Frage stellen: In welcher der beiden Kirchen? Der ganze Stolz des Ortes ist die um 950 errichtete **Martinskapelle**, sie zählt zu den ältesten Sakralbauten in Franken. Ein halbes Jahrhundert nach dem Tod des Reformators schmückte sie ein Malergenie, man kennt nur seine Initialen IBM, mit Dutzenden von Bibelszenen, die Innenwände sind ein sprechendes Buch (Schlüssel zur Kirche in der benachbarten Gärtnerei erhältlich). Eher nebensächlich hingegen präsentiert sich die um 1300 erbaute, barockisierte **Pfarrkirche St. Margareta**. Bürgstadts eigentliche Attraktion wächst außerhalb auf dem berühmten Centgrafenberg, heißt **Spätburgunder**, ist verdammt lecker und wird in der und um die Altstadt kredenzt. Welcher Winzer gerade mit Ausschenken an der Reihe ist, erfährt man auf www.buergstadt.de unter »Aktuelles-Termine«.

Coburgern

Ehe ist Trumpf

Eine ihrer kulinarischen Spezialitäten kann nicht zum Essen gedacht sein. Das Coburger Schmätzchen hat die Konsistenz von Beton. »Muss man probiert haben«, behauptet dennoch, wer in der erst 1920 nach Bayern eingegliederten Residenzstadt der Herzöge von Sachsen-Coburg und Gotha aufgewachsen ist. Denn nur Eingeweihte dürfen wissen, dass diese Kekse ausschließlich für folgenden Verwendungszweck gebacken werden: zum Verschenken. Es gibt Packungen, die zirkulieren seit Generationen – und sie sehen noch wie neu aus.

Coburgs Alteingesessene kennen viele Rituale, mit denen sie sich all jene auf Distanz halten, die aus dem Landkreis oder von noch weiter her in ihre Stadt ziehen. Lieb gewinnen sie die Neuen erst, wenn sie ihre Umzugskartons wieder aus dem Keller holen. Mit einer Ausnahme. 1965 beschloss ein junger Mann aus New York, sich vor dem Militärdienst in Vietnam in Sicherheit zu bringen. Es war der in den USA aufgewachsene Prinz von Sachsen-Coburg und Gotha. Jubel! Nasse Augen! His Royal Highness is coming home! Coburg wäre halt schon gern wieder sein eigenes Kleinfürstentum.

Die Coburger glauben, dass ihre Nachbarn sie heimlich als Residenzler bezeichnen – und sind damit hochzufrieden. Aber im Süden, in Lichtenfels und Bamberg, werden sie von notorischen Wirtshausgängern mit einer anderen Wortschöpfung gefoppt. Beim täglichen Schafkopf. »Rufen« heißt eine Spielvariante, bei der sich zwei verbünden müssen. Der erste nennt eine Karte. Partner wird, wer sie hat. Wer in diesem sensiblen Moment blufft, coburgert. Er erhält die Rolle des Spielbestimmenden und holt sich einen Stich, obwohl er beides nicht verdient hat. Wie es das jämmerlich einflusslose Herzogshaus nicht verdient hatte, sich ab 1830 auf die Thronsessel von England, Bulgarien, Portugal und Schweden hinaufzuheiraten. Egoistenehrgeizlinge, die, rücksichtslose! Uns jedenfalls kommt ein Coburger nicht an den Tisch!

Das fränkische London

Lohnt ein Besuch?

Der Einzug des Herzogshauses in die schillerndsten Adelsfamilien Europas hat sich auf Schritt und Tritt in die Straßen und Plätze von Coburg eingeschrieben. Vieles ist so kurios, dass sich eines mit Sicherheit sagen lässt: Diese Stadt ringt sogar Menschen, die in einer tiefen Depression feststecken, ein Lächeln ab. Geboten wird unter anderem eine Toilette, deren Schüssel die britische Königin Victoria persönlich angewärmt hat.

Was sollte man gesehen haben?

Coburgs Dreh- und Angelpunkt ist der **Marktplatz**, auf dem der größte Stolz der Stadt von einem Denkmal herunter grüßt. 1840 heiratete die britische Königin Victoria Albert von Sachsen-Coburg und Gotha, der sich fortan Prince Consort, Prinzgemahl, nennen durfte. Damit sich die Herrscherin bei ihren Besuchen in der Stadt seiner Kindheit wohlfühlte, setzte geschäftiges Treiben ein. Wenn wir vom Marktplatz in die Rosengasse hineingehen, treffen wir auf ein Schild, das wir in London, nicht aber in Franken vermuten würden: Die **Feinbäckerei Feiler** ist Hoflieferant Ihrer Majestät. Sie backt auch die Schmätzchen, es gibt sie in einer Version für arme Leute oder mit Blattgoldflocken dekoriert (mit Café, Mo–Fr 8.30–18 Uhr, Sa 8–14 Uhr). Einen Blick geworfen haben sollte man in die gotische **Morizkirche**, wo die Gläubigen die Eltern des Herzogs Johann Casimir (1564–1633) anbeten, ihre Porträtskulpturen dominieren ein Epitaph, das die Stelle des Hauptaltars einnimmt. Die Fassade des zwei Fußminuten entfernten Stadtschlosses, der **Ehrenburg**, wurde im typisch britischen Stil verkleidet. Highlights: Gemälde von Lucas Cranach dem Älteren und das königliche Klo (täglich außer Mo, April–Sep. 9–18 Uhr, Okt.–März 10–16 Uhr). Von dort geht es durch einen englischen Landschaftsgarten hinauf auf die Veste, die mittelalterliche **Herzogsburg** (täglich außer Mo, April–Okt. 9.30–17 Uhr, Nov.–März 13–16 Uhr).

Blausieder

Essen in den Zeiten mit R

Der Advent ist eines der wenigen tief im christlichen Glauben wurzelnden Rituale, die auch in einer Zeit von einer breiten Mehrheit gepflegt werden, in der die Kirchenbänke leer bleiben. Im flackernden Licht von erst einer, dann zwei, dann drei, dann vier Kerzen werden Glühwein und Lebkuchen aufgetischt. Chefs bitten zur Betriebsweihnachtsfeier, spendieren ihrem Team eine Völlerei.

Für diesen Frevel hätte Paul Speratus (1484–1551), katholischer Prediger am Dinkelsbühler Münster St. Georg und wenig später Parteigänger Martin Luthers, seinen Schäfchen eine Buße auferlegt, wie sie sie noch nicht erlebt hatten. Die Tricks, mit denen die Dinkelsbühler Geistlichen damals Festgelage zu Fastenspeisen umdeklarierten, sollen das Ihre zu seinem Wandel zum kompromisslosen Reformator beigetragen haben. Speratus war Mitherausgeber des Achtliederbuchs, des 1524 erschienenen ersten evangelischen Gesangdrucks. Der Advent bildete in seiner Epoche eine zweite 40-tägige Fastenzeit. Erst 1917 strich Rom das Gebot, von Philippus (14. November) bis Heiligabend wochentags auf Fleisch zu verzichten.

Direkt vor der Dinkelsbühler Stadtmauer schwimmt eine Leckerei herum, die schon zu Paul Speratus' Zeiten in allen Monaten mit R und damit auch in den Fastenzeiten erlaubt war. In Massen. 1550 soll es dort »so viel Weiher als Tage im Jahr« gegeben haben. Aber zum Entsetzen der Bewohner des Aischgrunds, des größten der fränkischen Fischparadiese westlich von Erlangen, behandeln die Dinkelsbühler ihre Karpfen auf eine derart geschmacklose Art, dass es einem den Magen zuschnürt und man ihnen ihr Frommsein eigentlich verbieten müsste. Statt dass sie die Fische – wie jeder anständige Mensch – in der Pfanne herausbraten, werden sie in Dinkelsbühl traditionell blau gegessen. Hierzu wird der Karpfen mit kochendem Essig übergossen, bevor er 20 Minuten in einem simmernden Essig-Zwiebel-Sud gar zieht.

Gebt den Kindern das Kommando

Lohnt ein Besuch?

Das Magazin »Focus« hat recht! 2014 erklärte es die Altstadt von Dinkelsbühl zur schönsten in ganz Deutschland. Ihre große Zeit schlug im 14. und 15. Jahrhundert. Seither hat sich ihr Anblick nur dahingehend verändert, dass nur noch vereinzelt Pferde, dafür aber viele Autos über ihr Kopfsteinpflaster holpern. Die Romantik ihrer Gassen aufzusaugen, kann süchtig machen. Auch deshalb, weil sich die Invasion asiatischer Schnelltouristen auf genau jenem Niveau eingependelt hat, auf dem Gesten gegenseitiger Neugierde möglich sind. Lächeln. Entspannen. Zusehen.

Was sollte man gesehen haben?

Der Dinkelsbühler Jahreskalender verzeichnet zwei Termine, die man kennen sollte. Entweder, weil man die Perle an der Romanischen Straße besuchen will, wenn dort ein Massenspektakel steigt. Oder, um den Ausnahmezustand ganz bewusst zu meiden. Bei der berühmten **Kinderzeche** verwandeln sich die Dinkelsbühler Schüler für gut eine Woche in jene schwedischen Soldaten, die im Dreißigjährigen Krieg vor den Stadtmauern aufmarschierten. Ein Lager wird eingerichtet, ein Knabenbataillon exerziert. Traditioneller Höhepunkt sind ein Festspiel, bei dem ein Kindermädchen das Herz des schwedischen Kommandanten zum Schmelzen bringt – Dinkelsbühl gerettet! –, und der Festumzug durch die Stadt (immer in der zweiten Juli-Hälfte). Eine Nummer kleiner ist die **Fischernte-Woche**, bei der ein Dinkelsbühler Karpfenweiher nach dem anderen vor den Augen der Zuschauer abgefischt wird. Selbstredend wird ein Teil der Ernte gleich zubereitet (immer Anfang November). Dinkelsbühls Waffe gegen ein Zuviel an Touristen ist Qualität. Ramsch- und Kitschsouvenirläden und magenstrapazierende Majo-Ketchup-Schnellspeisungen: Fehlanzeige! Ob man traditioneller fränkischer Hausmannskost oder einem Gourmet-Menü dem Vorzug gibt, in den **zahlreichen Restaurants** der Stadt findet jeder Gaumen sein Glück.

15 | Ebermannstadt

Hungerleider

Hier gibt's kein Brot für die Welt

Reichtum und Geiz, besagt das Naturgesetz der menschlichen Schwächen, sind ein unzertrennliches Paar. So wie Blitz und Donner. Für beides, prall gefüllte Vorratskeller und zugleich eine panische Angst, dass sich jemand auch nur ein Mikrogramm zu viel Senf auf die Bratwurst schmiert, war Ebermannstadt bereits bekannt, als 1618 der Dreißigjährige Krieg ausbrach. Entgegen ihrer Gewohnheit nahmen die Schweden das Tor zur Fränkischen Schweiz im Sturmangriff. Sie wussten, dass eine Belagerung keinen Sinn hatte. Denn beim Fasten waren die Ebermannstädter unschlagbar.

Reich war der Ort freilich nur im Vergleich mit dem, was in den umliegenden Dörfern als normal galt. Die Bewohner von Gasseldorf, nur drei Kilometer hinter Ebermannstadt, müssen sich noch heute »Hauptochsen« nennen lassen, weil sie keine Ahnung hatten, welche Rinder man wie vor einen Wagen spannt – sie hatten ja nur Ziegen als Zugtiere. Weil ihn der Hunger seiner Kindheit ein Leben lang verfolgte, erfand Johann Georg Lahner, Gasseldorfs berühmter Sohn, 1805, längst nach Österreich ausgewandert, ein Gericht, das nur aus Fleisch bestand: das Wiener Würstchen.

Zurück zu den Reichen. Nach Ebermannstadt, das, da Gasseldorf 1971 eingemeindet wurde, die Erfindung des Wiener Würstchens gern für sich reklamiert. Weil sie anderen das Leid des Hungers angetan haben, werden die Bewohner bis heute als Hungerleider abgekanzelt. Sich selbst ließen sie es immer im September besonders gut gehen, dann wurde (und wird) Kerwa, Kirchweih, gefeiert und groß aufgekocht. An einem dieser Festwochenenden, so haben es unabhängig voneinander der Nürnberger Journalist und Schriftsteller August Sieghardt (1887–1961) und der Pretzfelder Lehrer und Hobbyhistoriker Christoph Beck (1874–1939) berichtet, bat ein Landstreicher, ihn bitte vor dem Verhungern zu bewahren. Er starb. Weil man ihm Brot und Wasser zu bringen vergaß. Ins Gefängnis. In das man ihn warf.

AM 5. OKT. 1774
WURDE in GASSELDORF GEBOREN
JOHANN GEORG LAHNER.
ER ERLERNTE in FRANKFURT am MAIN
GERHANDWERK und gründete 1802 in
WIEN eine SELCHEREI 1805 erzeugte
ER DORT ERSTMALS nach eigenem RE-
ZEPT die später WELTBEKANNTEN
FRANKFURTER –
ODER "WIENER WÜRSTEL" –

Jetzt geht's um die Wurst

Lohnt ein Besuch?

Ebermannstadt liegt den meisten, die es am Wochenende aus ihren citynahen Wohnlandschaften ins Grüne zieht, noch nicht weit genug in der Fränkischen Schweiz. Das schon im frühen Mittelalter gegründete, in zig Kriegen zerstörte einstige Handels- und Verwaltungszentrum der Region soll bitte nicht traurig sein, dass an dieser Stelle keine Anstrengungen unternommen werden, dies zu ändern. Obwohl das Fachwerkambiente ja ganz nett ist. Vorschlag zur Güte: Wir machen auf dem Weg ins viel attraktivere Innere einer Ideallandschaft kurz halt, um ein paar Wiener Würste zu essen.

Was sollte man gesehen haben?

Zu unserer kleinen Exkursion auf den Spuren des Hungers dürfen wir nicht an einem Sonntag aufbrechen, da auch in Ebermannstadt die Metzgereien am Tag des Herrn geschlossen sind. Das schmerzt, denn die Hauptattraktion ist der **Museumszug**, der im Sommer und dann leider nur am siebten Tag der Woche durch das äußerst hübsche Tals des Flüsschens Wiesent bis zur Wanderstation Behringersmühle schnaubt (www.dampfbahn.net). **Gasseldorf** liegt hinter Ebermannstadt neben der Bundesstraße 470 Richtung Gößweinstein/Weiden. Man sieht es der kleinen Sammlung nicht mehr zeitgemäßer Häuser an, dass Johann Georg Lahner als Bub wenig zu beißen hatte. Das Denkmal, das man ihm gesetzt hat, ist leicht zu übersehen: ein unbehauener Felsklotz. Er könnte auch von jenem Bergrutsch übrig sein, bei dem 1625 ein naher Gipfel abging. Eine Metzgerei gibt es keine. Obwohl sich Gasseldorf 2003 das Originalrezept der Wiener Würstchen patentrechtlich hat schützen lassen. Zurück in Ebermannstadt werden wir feststellen, dass man dort zwar Touristen auf Lahner heißmacht, dessen schmackhafte Erfindung aber nicht. Alle Innenstadt-Metzgereien haben Wienerle in ihrer Auslage liegen, würden uns als lokale Spezialität aber lieber einen Presssack einpacken.

Deutschotter

Je höher das Tier, desto schlimmer der Kahlfraß

Dass sich das Klima wandelt, die Sommer heißer werden, dieses Phänomen gibt es nicht erst, seit wir Menschen jedes Maß verloren haben. Im Mittelalter erwies sich die neue Milde als ein großer Segen. Jetzt lächelte die Natur, wenn die Bauern sie mit ihren Pflügen kitzelten, die Erträge stiegen, die Bevölkerung explodierte. In diese Ära fallen die Kreuzzüge. Für viele Historiker kein Zufall. Auf den Burgen langweilten sich viel zu viele Zweit-, Dritt- und Viertgeborene. Weil ihr jugendlicher Übermut für ihre Väter gefährlich war, schickte man sie vor die Mauern Jerusalems, wo sie der Moslem und der Wüstensand dezimierten. Wer das heilige Abenteuer überlebte, für den stellte man Orden als neue Heimat bereit. Bekanntestes Beispiel: die Templer.

Im 3.700 Einwohner kleinen, eine Dreiviertelautostunde südlich von Nürnberg gelegenen Ellingen steht seit den 18. Jahrhundert ein Monstrum von Schloss. An seiner unverschämt luxuriösen Pracht lässt sich der Reichtum ablesen, den einer dieser Orden im Lauf der Jahrhunderte aufgehäuft hat. Rechnet man den Park, die Stallungen und die Wirtschaftsgebäude mit ein, war die Residenz seines fränkischen Landkomturs zu ihrer Entstehungszeit um Etliches größer als der Ort. Dort wohnte das Vollzugspersonal, das die Vorratskammern der leibeigenen Untertanen so gnadenlos leer räumte wie ein Fischotter einen Teich, den ein Züchter eben mit mühsam hochgepeppelten Jungforellen besetzt hat. In Ellingen hat es aber auch echte Otter gegeben, das Schloss steht auf den Fundamenten einer Wasserburg, ihre Gräben blieben erhalten und sind noch heute gefüllt.

Der Orden der Brüder vom Deutschen Haus St. Mariens in Jerusalem wurde 1190 während der Belagerung des drei Jahre zuvor von den Muslimen eingenommenen Akkon gegründet. Den Litauern zwang er im 14. Jahrhundert den christlichen Glauben auf. In den Geschichtsbüchern trägt er meist einen anderen Namen: Deutscher Orden.

2.000 Jahre an einem Tag

Lohnt ein Besuch?

Der Ort, von dem aus die nimmersatten Deutschotter die Umgebung leer gefressen haben, liegt nur einen Katzensprung von der 2.000 Jahre alten Stadt Weißenburg entfernt. Er bildet den perfekten Auftakt für einen Ausflug tief in die Geschichte, der uns vom Zeitalter des Absolutismus in die römische Antike zurückführt.

Was sollte man gesehen haben?

580 Jahre lang, von 1216 bis 1796, prägte der Deutsche Orden das Auf und Ab, das Ellingen schließlich zu der einzigartigen, für die damaligen Verhältnisse stattlichen Stadt geformt hat, als die sich der Ort heute präsentiert. Das hervorragend erhaltene, überraschend große Zentrum und das Schloss erscheinen wie aus einem Guss. Sie wurden von Karl Heinrich von und zu Hornstein als Einheit geplant, nachdem er 1717 die Regentschaft über die fränkischen Ländereien des Ordens angetreten hatte. Ellingen war im Dreißigjährigen Krieg komplett zerstört worden. Perfekte Voraussetzungen für ein städtebauliches, in die Landschaft ausgreifendes Mammutprojekt. Das **Schloss** steht Besuchern offen (April–Sep. täglich außer Mo, 9–18 Uhr, Okt.–März 10–16 Uhr, Führungen zu jeder vollen Stunde), dem Eingangsportal gegenüber bittet das **Gasthaus der Schlossbrauerei** zu Tisch (Di–So ab 10 Uhr, traumhafter Biergarten). Der schmale, dafür radikal in die Länge gezogene **Park** liegt hinter dem klobigen Herrscherbau. Obwohl die Altstadt von Weißenburg ein Schmuckstück ist, lassen wir sie links liegen und fahren direkt zu den 1977 entdeckten, als Museum erschlossenen **Römischen Thermen** (Am Römerbad 17a, 15. März– 15. Nov. täglich 10–17 Uhr). Wenige Meter entfernt hat man ein Tor des 254 von germanischen Horden zerstörten Römerkastells nachgebaut. Ebenfalls hoch empfehlenswert: das mit spektakulären Funden bestückte **Römermuseum** (Schulhausstraße 10, 15. März–14. Nov. 10–17 Uhr, 15. Nov.–30. Dez. 10–12.30 Uhr und 14–17 Uhr).

Wasserpolacken

Ein Buchstabe erklärt's

Der 1933 in Treuchtlingen geborene Medienforscher Erich Strassner hat seinen Franken harte Nüsse hinterlassen. Über 3.000 Einträge umfasst seine Sammlung nordbayerischer Ortsschimpfnamen, die er in den Sechzigern zusammengetragen hat. Aber ein Gutteil von ihnen ist ohne Hinweis geblieben, wie sie zu deuten sind. Beispiel: die Erlanger. Wasserpolacken. So nennen die Forchheimer sie. Das ist die einzige Information, die Strassner hierzu archiviert hat.

Man kann also nur den Weg der freien Assoziation einschlagen, um das Rätsel zu knacken. Der Ortsschimpfname selbst weist die Richtung: Osten, Oberschlesien, das auch Wasserpolen genannt und in den vierziger Jahren des 17. Jahrhunderts preußisch wurde. Wie Erlangen durch Verkauf 50 Jahre später. Wasserpolnisch heißt der Dialekt, den die oberschlesischen Neupreußen pflegten. Und auch die Erlanger hatten sich – von Forchheim aus gesehen – in jener Epoche ein unverständliches Kauderwelsch zugelegt:

Französisch. 1686 hatte der Markgraf eigens für die Hugenotten, eine in Frankreich verfolgte Glaubensgemeinschaft, die Neustadt planen lassen. Bereits 1698 zählte Erlangen 1.000 Exilanten, Tendenz steigend, die an ihrer Sprache und ihren Bräuchen festhielten – aber nur 317 Deutsche.

Dr. Jakob Andreas hält solche Gedanken für blühende Phantasie. Der Leiter des Erlanger Stadtarchivs schlägt vor, die Lösung lieber in einer Eigenheit des fränkischen Dialekts zu suchen. Franken kennen kein P, sie sprechen es generell als B aus. »Der heutige Bohlenplatz hieß Anfang des 19. Jahrhunderts ›in Polen‹ oder ›Kleinpolen‹, wegen der Armut der hier wohnenden Leute und nach den sprichwörtlichen ›polnischen‹ Verhältnissen.« Damals lagerte man dort auch Bauholz, es kam per Floß aus dem Norden, von Forchheim her. Und das »Wasser«? 1864 wurde auf dem Bohlenplatz ein 222 Meter tiefer Brunnen gebohrt, aus dem dann aber nur ein Rinnsal plätschern wollte. Herzlichen Dank!

Fremdenfreundlichkeit hat Tradition

Lohnt ein Besuch?

Erlangen ist mit einem Spreißel vergleichbar, den sich Franken schon vor Längerem in die Haut seiner Landschaft eingezogen hat. Ein bisserl tut's auch weh! Geprägt vom Gewusel der 1743 gegründeten Universität, nimmt sich der Fremdkörper heraus, zwei zentrale Tugenden weitestgehend zu ignorieren, die Nordbayerns Habitate ausmachen. Erstens: Die auf immerhin 100.000 Einwohner gewucherte Stadt ist die einzige in Franken, der Weltläufigkeit auszustrahlen nicht nur wichtig ist, sondern der es bei genauem Hinsehen sogar gelingt. Zweitens herrscht in Erlangen ein Sinn fürs Praktische. Baulich. In der heute allgemein als Altstadt betrachteten, 1686 auf der grünen Wiese als Gitternetz angelegten Neustadt treffen die Straßen stets in einem Winkel von 90 Grad aufeinander. Einheitlich. Effizient. Exakt.

Was sollte man gesehen haben?

Der **Bohlenplatz** hat sich längst aus seiner einstigen Armut befreit, ja, er bildet heute sogar das grüne Ende eines von edlen Multikulti-Stores geprägten City-Quartiers, die Delikatessen und Schönes aus aller Welt offerieren. Die Dichte an Geschäften und Restaurants, die bewusst am studentischen Geldbeutel vorbeizielen, erklärt die in Erlangen fürs Wohlbefinden wichtige Durchmischung der Passanten mit über 30-Jährigen: Angestellte von Siemens und Ärzte der nahen Klinik. Alles ist angenehm kleinräumig, denn hier hat sich die Bebauung seit 300 Jahren kaum verändert: hugenottische zweistöckige Häuschen ohne Zierrat und Tamtam, die sich emotionslos aneinanderreihen. Am stadteinwärtigen Ende enttäuscht eine der **Erlanger Hugenottenkirchen**, ihr Inneres wurde zu einem Tagungsort umgebaut. Hinter ihr lädt eine lang gezogene Grünfläche ein, es dann doch den Studenten gleichzutun und im Schatten alter Bäume zu relaxen. Hat man Durst, labt man sich an jenem erwähnten, meditativ vor sich hin blubbernden Brunnen.

Maulaffen

Guckt mal, das Ende der Welt!

So sehr die Verwitterung einer kleinen Steinfigur zugesetzt hat, die vom oberen Stadttor von Fladungen herabgrüßt, so dicht ist auch der Nebel, wie man sie zu deuten hat. Visiert man sie mit bloßem Auge an, ist es eine Frage des Standorts, wann man selbst jenen Ausdruck annimmt, der dem Spitznamen der nördlichsten Stadt Bayerns entspricht: Man hält Maulaffen feil. Denn sofern man auf der ortsauswärtigen Seite des Torturms steht, bekommt man, das Einzige, was gut erkennbar ist, einen blanken Arsch entgegengestreckt. Ja du heilige Scheiße! Von wem? Steht man in der Stadt, weiß man nicht so recht, ob die drallen Backen zu einem Hutzelmännlein mit Zinkennase oder einem Kobold gehören – oder ob der »Maulaff« doch ein Affe ist.

Dass die Fladunger als Menschen gelten, die immer nur dastehen und glotzen, haben sie auch Martin Luther zu verdanken. Des Deutschen nicht immer mächtig, übersetzte er einen Begriff derart falsch, dass

eine neue Redewendung geboren war. Bis dahin verstand man unter einem Maulaffen eine aus Ton gebrannte, gern als Gesicht gestaltete Halterung für einen Kienspan, die spärliche Lichtquelle des Mittelalters. Wer eine solche feilhielt, bot sie zum Verkauf an.

Luther, Wegweiser aus dem Dunkel der Geschichte. Die Bauern verstanden ihn politisch und erklärten der Obrigkeit den Krieg. Aber nicht die Fladunger. Die wollten brav sein und katholisch bleiben. Sie hatten nichts zu befürchten, als der Würzburger Bischof Rache nahm und in der Region 190 Aufständische einen Kopf kürzer machte. Oder stammt die Figur doch von 1635, als 1.500 Schweden Fladungen belagerten? Aus den allerletzten Resten Mehl soll sie ein Bäcker geformt haben, um gefüllte Vorratslager vorzutäuschen. Stadt gerettet! Für einem Wimpernschlag. Noch im selben Jahr mussten die Fladunger zusehen, wie sie abbrannte. Aus Versehen. Teilnahmslose Gaffer! Vom Tor mit dem »Maulaff« aus.

In die Armutsfalle getappt

Lohnt ein Besuch?

Wer es wagt, sich dem fränkischen Ende der Welt auszusetzen, wird mit einer Zeitreise in die rauen Wirklichkeiten unserer Ururgroßeltern belohnt. Steuert man Fladungen von Osten her an, empfiehlt es sich, in Ostheim vor der Rhön kurz Station zu machen, da dieser Ort ebenfalls als Musterbeispiel der Verschlafenheit gilt, im Vergleich aber echtes Leben aufweist. Nachdem wir zehn weitere Kilometer ins Nirgendwo der Rhön vorgedrungen sind, staunen wir über ein Kleinod von Stadt, das sich seit dem Wiederaufbau in den 1640er Jahren so gut wie nicht verändert hat. Dass die Fladunger den ganzen Tag Maulaffen feilhalten, lässt sich nicht bestätigen. Es sind schlichtweg zu wenige Einheimische unterwegs.

Was sollte man gesehen haben?

Fladungen ist das Herz einer Region, die mit ihrer einst legendären Armut heute ganz gute Geschäfte macht, die Ursprünglichkeit der kleinen Fachwerkstadt und ihres Umlands werden ausgezeichnet vermarktet. Allerdings dringen die meisten Besucher gar nicht bis in die Altstadt vor, an deren Ende – von Ostheim aus gesehen – das im 19. Jahrhundert zugemauerte **Obere Tor** mit dem »Maulaffen« mahnt, dass dahinter das endlose Nichts einer wunderschönen Berglandschaft lauert, die schon so manchen Wanderer verschluckt hat. Die meisten Besucher biegen am Eingang von Fladungen zum **Fränkischen Freilandmuseum** ab, in dem über 20 historische Gebäude aus Dörfern der Region einen neuen Standort gefunden haben – Misthaufen, Federvieh, Ziegen und das unabhängig zugängliche **Wirtshaus »Schwarzer Adler«** inklusive. Und natürlich auch ein **Brauhaus**, das einmal im Jahr in Betrieb genommen wird (Museum und Wirtshaus April/Okt. täglich außer Mo., Mai–Sep. täglich 9–17 Uhr). Wer andere Freilandmuseen zum Vergleich heranziehen kann, wird erschüttert sein, welch kleine Hütten auf der Rhön bereits als vollumfassender Bauernhof galten.

Mauerscheißer

Wie man unliebsame Gäste vergrault

Den letzten Rest Mehl zusammenkratzen. Für ein Brot. Mit dem Laib auf die Stadtmauer steigen, ihn den Söldnern des Schwedenkönigs Gustav Adolf entgegenstrecken. Die Städte, die sich rühmen, in den Dreißigerjahren des 16. Jahrhunderts ihren Belagerern mit diesem Trick volle Vorratslager vorgegaukelt und den Feind zur Aufgabe bewegt zu haben, dürften in die Dutzende gehen. Auch den Forchheimern stank der Dreißigjährige Krieg gewaltig. In Franken raffte er fast die Hälfte der Menschen dahin.

1632 flüchtete sich der Bamberger Bischof vor den Evangelischen nach Forchheim. Mitsamt Domschatz. Und Gefolge. Als sich Feldmarschall Tilly zu ihm gesellte, mussten auch dessen 20.000 Soldaten irgendwo ihre Notdurft verrichten. Ein in der Stadt gelegener Teich, in den sich die bis dahin 2.000 Einheimischen gern erleichtert hatten … Nein, wir wollen ihn uns lieber nicht bildlich vorstellen! »Wer zum Weiher geht, kommt nicht mehr gesund zurück, falls überhaupt«, dieser Satz hat sich damals ins kollektive Gedächtnis eingebrannt. Noch bekannter ist die Redensart: »Du siehst ja aus wie der Tod von Forchheim.« Er bezieht sich auf die Pest, auf die noch im selben Jahr eine erste Belagerung durch die Schweden folgte.

Was sich die Forchheimer gegen die ganze Kacke hatten einfallen lassen, klingt bei einer Stadtführung, die ja immer auch für einen Lacher gut sein soll, heute so: Weil die Schweden sehen sollten, dass an Speis und Trank kein Mangel herrschte, stiegen die Bürger zum Scheißen auf die Stadtmauer. Denn nur wer isst, kann auch verdauen. Und in Wahrheit? Da hatte man ganz profan die Wahl: vor den Augen des Feindes blank ziehen – oder der Schwarze Tod. Liebes Forchheim, diese Wahrheit muss dir nicht peinlich sein. Hygienisch betrachtet war das Scheißen von der Mauer damals ein Standard, den sich nur die top ausgebauten Festungsstädte leisten konnten. Im kaum gesicherten Bamberg stank es noch um einiges erbärmlicher.

Vom Rathaus grüßt der Allerwerteste

Lohnt ein Besuch?

Auch wenn das ewige Auf und Ab der Geschichte für Forchheim nur suboptimal verlaufen ist, die vergangenen Jahrhunderte haben die Stadt als eine kleine, aber feine Augenweide zurückgelassen. Nur aus der glanzvollsten Epoche, dem frühen Mittelalter, ist nichts erhalten, ja, es lässt sich nicht einmal mit Sicherheit bestimmen, wo genau wohl im 7. Jahrhundert eine königliche Pfalz entstanden war. Bis ins 11. Jahrhundert wurden dort Könige gewählt, fanden dort Reichstage statt. Dann, mit dem Aufstieg Bambergs, sank Forchheim zu einer bischöflichen Festungsstadt herab. In der erst ab 1339 erbauten »Kaiserpfalz« genannten Burg am Rand der Altstadt verschanzten sich die Hochwohlgeborenen, wenn ihre Feinde auf ihre Residenz in Bamberg zumarschierten. Nach der Reformation mauerte man sich mit einem der beeindruckendsten Renaissance-Bollwerke Deutschlands ein – rund die Hälfte der Kasematten ist noch erhalten. Die romantische Aura der Forchheimer Altstadt ist dem wirtschaftlichen Absturz Anfang des 19. Jahrhunderts zu verdanken. Im Zug der Säkularisation verlor man die Funktion als bischöflicher Militärstützpunkt, Armut grassierte, die Bautätigkeit sank gegen null.

Was sollte man gesehen haben?

Forchheims gute Stube ist der von Fachwerk geprägte **Rathausplatz**. Der Hauptbau des extrem schönen Rathauses stammt von 1402, noch interessanter ist ein Anbau, der 1535 und damit 99 Jahre vor der letzten Belagerung durch die Schweden angefügt wurde. In sein Gebälk sind **neckische Figuren und Sinnsprüche** geschnitzt. Zwei der bemalten Derbheiten lassen die Geschichte von den Mauerscheißern in einem gänzlich neuen Licht erscheinen. Es handelt sich um nackte Ärsche, die mit ihrem Loch auf den Betrachter zielen. Den Allerwertesten blank zu ziehen, das galt im Volksglauben jener Zeit als ein probates Mittel, um Geister, Dämonen, ja, das Böse schlechthin zu vertreiben.

20 | Fürth

Vorstadtkakerlaken

Vom Treten und Zertretenwerden

Wenn sich der Fußballgott mal wieder langweilt, dem Kleeblatt überirdisch gute Flanken gelingen, dem Club hingegen ständig das Leder zwischen den Beinen durchrutscht, geht in den Rathäusern von Nürnberg und Fürth die Angst um. Er will Blut fließen sehen! Massenkeilerei! Am U-Bahnhof Stadtgrenze, wo die No-go-Area der Fürther die der Nürnberger berührt. Er legt es darauf an, dass es zum Derby kommt, weil beide in der 2. Liga spielen.

Wann sich die Nachbarstädte ewige Feindschaft erklärt haben, liegt so tief in der Geschichte verborgen, dass sich nur eines sicher rekonstruieren lässt: Sobald der Hass zu erlöschen drohte, waren es in der Mehrzahl der Fälle Nürnberger, die sofort neues Öl ins Feuer kippten. Selbstverständlich mit vollem Recht, denn: a) haben ja die Fürther angefangen, als sie in den Zwanzigerjahren des 17. Jahrhunderts den Hauptmarkt, das Herz der Stadt Albrecht Dürers, aus purer Bosheit absaufen ließen; b) haben ja die bettelarmen Fürther eine Versöhnung verhindert, als sie 1922 das Geschenk ablehnten, zu ihren reichen Nachbarn eingemeindet zu werden und als westlicher Vorort in Nürnberg aufzugehen.

1727. Weil die Pegnitz auf Fürther Gebiet versandet war, konnte der Fluss auch in diesem Frühjahr weniger Wasser ableiten, als nach Nürnberg hineinfloss. Nürnberger Handwerksburschen drangen auf Kähnen ins feindliche Ausland vor, räumten den Fürther Flussabschnitt aus. An der Dooser Brücke empfing sie ein Hagel aus Steinen, wurden sie ordentlich eingetunkt, ihre Vorarbeiter abgeführt und in Arrest genommen.

1922. Trotz eines Haushaltsdefizits von 4,1 Millionen Reichsmark und eines katastrophalen Sanierungsrückstands in den Wohnvierteln – alles mit Hausschwamm, Ratten und Kakerlaken verseucht – würde Nürnberg seine Nachbarn adoptieren. Stadtpfarrer Paul Fronmüller erzwingt einen Volksentscheid, bei dem 21.684 von 33.485 Fürther antworten: Ihr Pfeffersäcke könnt uns mal gern haben!

Die Anmut der einfachen Leute

Lohnt ein Besuch?

Der Nürnberger läuft zu kreativer Höchstform auf, wenn es gilt, seinen Nachbarn zu verballhornen. »Lieber Fünfter als Fürther« und »Wer nix wird, wird Wirt in Fürth« sind die Schlachtrufe, die jedes Nürnberger Kind bereits im Krippenalter einübt. Der Vorgänger, die auf den Punkt zielgenaue Wortschöpfung Vorstadtkakerlaken, kam allmählich aus der Mode, nachdem 1962 begonnen wurde, ein Fürther Altstadtquartier, das Gänsberg-Viertel, komplett abzureißen. Das viel zu eng mit Wohnhäusern und Handwerksbetrieben bebaute Areal, in dem mehrheitlich bettelarme und kinderreiche Arbeiterfamilien daheim waren, war eine hygienische Katastrophe größten Ausmaßes und eine Brutstätte für Krankheiten wie Tuberkulose. Bis heute ist umstritten, ob es nicht doch hätte saniert werden können. Die anderen, bereits einen Hauch wohlhabenderen Arbeiterviertel zeigen sich weitgehend in ihrem originalen Zustand, weshalb das an Herrschaftsbauten und Kirchen arme Fürth heute zu den sechs besterhaltenen deutschen Großstädten zählt.

Was sollte man gesehen haben?

Der beste Ausgangspunkt, um Fürth, das Armenhaus Mittelfrankens, zu erkunden, ist das **Rathaus**, ein Nachbau des Palazzo Vecchio aus Florenz. Tritt man, von Nürnberg kommend, in Fahrtrichtung aus der gleichnamigen U-Bahn-Station, orientiert man sich wie folgt: Zur Rechten liegt der **kleine mittelalterliche Kern**, geradeaus/vorne links das mit einer für das 20. Jahrhundert typischen Stillosigkeit neu bebaute **Gänsberg-Viertel**, zur Linken ein weitläufiger, beeindruckend gut erhaltener Teil des Wohngebiets der einfachen Leute und im Rücken zuerst das Viertel der Wohlhabenderen, dann das der Wohlhabenden und dann, an der **Hornschuchpromenade**, das der Reichen. Mit diesem Wissen einfach nach Gusto losspazieren und genießen, dass an viele Häusern Beschriftungen für Firmen werben, die es bereits seit Jahrzehnten nicht mehr gibt.

Zungenausreißer

Ein Dorf, das seiner Stadt nicht schmeckt

Hartnäckig hält sich das Gerücht, am südwestlichen Eingang zum Frankenwald würde ein Dorf namens Breitenloh existieren – verbunden mit der Warnung, ja nicht auszusteigen, wenn man dort zum Beispiel wegen einer Autopanne strandet, denn es droht Gefahr für Leib und Leben. Nur die älteren Kronacher wissen, wo man es suchen muss. 1978, als die Gemeinde Gehülz ihrer Stadt zugeschlagen wurde, nutzten die Kommunalpolitiker die Chance, das selbst für die als nicht gerade zimperlich bekannten Oberfranken doch etwas zu rustikale Quartier der Schluckspechte, Raufbolde und Hungerhaken – kurz: der Asozialen – zumindest verbal auszulöschen. Sie wussten auch warum: 1927.

In diesem Jahr hatten die Breitenloher einen jungen Handwerker aufgeklärt, dass aus ihrer Sicht Gewalt eine ganz passable Technik ist, um Gefühle, Stimmungen und Bedürfnisse auszudrücken. Ihm verschlug es für den Rest seines Lebens die Sprache. Unten in Kronach, wo die Flöße immer festmachten, beziehungsweise dort im Wirtshaus Zum Goldenen Hirschen, griff einer von ihnen dem Burschen so ins Gesicht, dass sich der Kiefer weit wie ein Scheunentor öffnete, pickte mit seiner Flößerhaue die Zunge auf – und zack. Warum auch nicht? Entweder war dies nicht das erste Mal, oder den Volksmund, der fortan wusste, wie er seine Breitenloher zu nennen hatte, kümmerten genaue Einzelheiten nicht wirklich. Denn in der Version, die der Heimatpflege-Verein von Gehülz/Seelach/Ziegelerden akribisch recherchiert hat, stand bereits am 23. Januar 1899 in der Zeitung, dass die Zunge »zum großen Theil ganz ausgerissen und ihr zurückgebliebener Rest vollständig zerstückelt und zerfetzt« worden war.

In Wahrheit stammte der Täter gar nicht aus Breitenloh. Aber auch dieses Detail kümmerte den Volksmund nicht. Er bestand auf der Gleichung arm = Gewalttäter. Das abgetrennte Organ wurde als Beweisstück in Spiritus konserviert.

Spritzfahrt ins Kronacher Elendsviertel

Lohnt ein Besuch?

Im Fall von Breitenloh sind alle Auswärtigen klar im Vorteil. Sie müssen sich die Frage nicht gefallen lassen, was die Kronacher damals bezwecken wollten, als sie die Bluttat einem Dorf angehängt haben, das sie nicht zu verantworten hat. Auch können sie sich bei einem Ausflug zu den Schauplätzen erlauben, ihrer Phantasie freien Lauf zu lassen, von 1927 oder 1899 auszugehen – man weiß ja eh nichts wirklich Genaues.

Was sollte man gesehen haben?

Ausgangspunkt der Spurensuche ist die **Adolph-Kolping-Straße** in der Unterstadt von Kronach. Sie verläuft parallel zur Haßlach, einem der drei Kronacher Flüsse, über die einst Baumstämme herangeflößt wurden, um sie bis nach Amsterdam zu schippern. Wo die Haßlach durch Wehre verbreitert wurde, befand sich ehedem eine Anlegestelle für die flach gebündelten Stämme. Das **Wirtshaus Zum Goldenen Hirschen** ist dank seines erhalten gebliebenen Auslegerschildes schnell gefunden (Adolph-Kolping-Straße 18), der Ruf von Kronachs Flößern als schon morgens betrunkene Raufbolde ist legendär, Schlägereien dürften an der Tagesordnung gewesen sein. Von hier aus sind wir mit dem Auto in zwei Minuten in Breitenloh: Vom Hirschen zur Bundesstraße B5 durchwühlen, dort Richtung Sonneberg und sogleich nach links nach Gehülz abbiegen. Wenn sich das Auto ordentlich quält, sind wir angekommen. Mit **Breitenloh** realisierte das lokale Herrschergeschlecht der von Redwitz ab 1750 am Anstieg des Haßlacherbergs eine Kolonie für die ärmsten ihrer Schlucker. Das Dorf, das sich schier unendlich in die Länge zieht, bestand aus Tropfhäusern: einstöckig, 30 Quadratmeter Grundfläche, das Grundstück so klein, dass der vom Dach rinnende Regen dessen Grenze markierte. Sie sind mittlerweile fast komplett verschwunden. Der Zungenausreißer lebte im kleineren, aber wohlsituierten **Zollbrunn**, oben (herrliche Aussicht!) wird uns ein Schild den Weg weisen.

Deutschherrische

Ausländer im eigenen Land

Historiker haben manche ihrer Kinder lieber als andere, und auch in der Heimatforschung gibt es Themen, die so wenig gewürdigt werden wie das in die Küche gesperrte Aschenputtel, das mit seinen Fingerchen mechanisch nach Erbsen tastet. So will sich zum Beispiel niemand so richtig für die Geschichte des Deutschen Ordens starkmachen, einer 1199 von Rom legitimierten Parallelwelt, in die junge Adelssöhne abtauchen konnten, für die es keinen Herrschertitel zu erben gab. Mit Ausnahme von einer Handvoll Orten in Franken gilt: Das darf gern für alle Zeit so bleiben!

Das 780 Einwohner kleine Gelchsheim hat bis heute darunter zu leiden, dass sich 1219 ein Trupp der nach eigener Ansicht zu kurz gekommenen Jungs dort festsetzte. Offiziell hatte sich der Deutsche Orden der Pflege Kranker verschrieben. Praktisch erwies er sich als Klub für psychisch lädierte Snobs, die irgendwie kompensieren mussten, dass bei jedem von ihnen der Vater den

ältesten Bruder bevorzugt hatte. Im Fall von Gelchsheim, durch das die Handelsstraße von Nürnberg nach Frankfurt führte, dienten sie sich an, den Geleitschutz der Fuhrleute zu übernehmen. Unersetzbar, wie sie jetzt waren, bekamen sie doch noch ein Dorf voll mit eigenen Untertanen, die aufs Wort zu gehorchen und um die 45 Tage im Jahr gratis für sie zu schuften hatten.

Das Hinterland von Ochsenfurt hat sich lange wie ein Puzzle zusammengesetzt. Ein Teil gehörte mal zum Fürstbistum Würzburg, dann für ein paar Jahrzehnte zu einem anderen Herrscher. Dazwischen Gelchsheim als große Ausnahme. Beinahe 600 Jahre lang, bis der Deutsche Orden 1809 aufgelöst wurde, waren seine Einwohner schon im Nachbardorf Ausländer: anders, merkwürdig und sittelos, ungewaschen, gewalttätig, zottelig, geistig und körperlich minderbemittelt. Heute würde man sagen: Asis! Damals erfand man die Bezeichnung Deutschherrische. Nur und eigens für sie.

Es führt eine Straße nach Ochsenfurt

Lohnt ein Besuch?

Trotz eines tiefen Bedauerns über den historischen Sonderweg, dessen sich jeder Gelchsheimer versichert sein kann, wird es leider niemandem darüber hinwegzusehen gelingen, dass diesen Ort nur lieb haben kann, wer in der Gemeinschaft seiner Bewohner seine ersten Schritte gemacht hat, vom Fahrrad gestürzt und schlussendlich erwachsen geworden ist. Man weiß ja: Wenn es das eigene Daheim ist, kann einem sogar ein zugiger Bretterverschlag wie ein Palast vorkommen.

Was sollte man gesehen haben?

Gelchheims einzige Sehenswürdigkeit ist nicht zugänglich, liegt hinten in einem Park und wird von Bäumen abgeschirmt. Das **Schloss des Deutschen Ordens** erhielt seine jetzige Gestalt im 17. Jahrhundert, der Vorgängerbau war in den Bauernkriegen zerstört worden. Ursprünglich stand an gleicher Stelle eine Wasserburg, von der aus die Ritter des Deutschen Ordens eine Wehrmauer rund um den Ort gezogen hatten. Sichtbare Spuren aus der langen Epoche ihrer Herrschaft finden sich nur wenige. Das kleine Amt Gelchsheim war für die mächtige, auch in Österreich und der Schweiz operierende Organisation nur von geringer Bedeutung, das dort erwirtschaftete Geld floss in die fränkischen Hauptsitze Bad Mergentheim und Ellingen, wo sich die Elite des Ordens prunkvolle, ja protzige Schlösser gönnte, die besichtigt werden können beziehungsweise heute Museum sind. Der Marktfleck selbst wirkt, als hätten sich die Gelchsheimer das Gefühl des Ausgestoßenseins zu eigen gemacht: Bewusst abstoßend, man weiß nicht, wo dieses beklemmende Gefühl jetzt herkommt, in das sich Angst hineinschiebt, man weiß nur, dass man schnell wieder wegwill. Das nahe, bildhübsche Fachwerkstädtchen Ochsenfurt, dessen Bewohner als Brückenbrunzer verhöhnt werden, mehrte im 15. Jahrhundert gleich mehrmals, aber immer nur kurz den Besitz des Deutschen Ordens. Dort werden wir wieder frei atmen können, wird es uns gut gehen.

Katzenfresser

Geschenkt schmeckt alles besser

Am 3. Dezember 2010 kicherte ganz Deutschland über das Missgeschick eines Lkw-Fahrers. Um Maut zu sparen, hatte er die Autobahn Würzburg–Heilbronn gegen die Bundesstraße 13 getauscht. Trotz Eisregens und dichten Nebels. Daher sah er nicht, dass ein Verkehrskreisel auf ihn zukam. Südöstlich des Dorfes Gnodstadt, dessen Name an diesem Tag zum allerersten Mal überregional in den Nachrichten genannt wurde. Die Zierde des Hindernisses, ein zehn Meter hoher Obelisk, stoppte den 40-Tonner. Abrupt. Beide, eine historische Maut- und Zollstation und der Laster, gingen zu Bruch.

Der Ansbacher Markgraf Christian Friedrich Karl Alexander hatte gute Gründe gehabt, den Übergang seines Territoriums zu dem des Würzburger Fürstbischofs 1773 mit mehr als einem einfachen Kassenhäuschen zu markieren. So eindeutig, wie wir uns das heute vorstellen, verliefen Grenzen damals nicht. Karl Alexanders Vorfahre Albrecht I. Achilles hatte Gnodstadt zwar 1448 im Ganzen erworben. Ihm gehörten dennoch nur 35 der 48 Hofstellen. Die Bewohner der übrigen 13 blieben Untertanen ihrer Würzburger Eminenz.

Wie der Bischof schickte auch der Markgraf jedes Jahr seine Amtmänner, um bei seinen Höfen die Steuern, den Zehnten, zu kassieren und Gericht zu halten. Die Gnodstädter sehnten diesen Tag so gar nicht herbei. Denn zu ihren Pflichten zählte auch, die fürstlichen Abgesandten im Gasthof Grüner Baum zu bewirten – diese maßlos verwöhnten Adeligen. Hase war ihre Leibspeise. So viel ließen sie sich auftischen, dass sich der Wirt an einem dieser Tage nicht mehr anders zu helfen wusste, als zu seinem Kater Lebewohl zu sagen. Kaum auf den Tisch gestellt, trat auch dieser Braten seine allerletzte Reise durch Magen und Darm an. »So sind wir Gnodstädter zu unserem Ehrennamen gekommen«, lächelt der Stadtrat und Landwirt Manfred Krauß. »Jeder im Ort ist noch heute stolz, dass man den Herren mal eins ausgewischt hat.«

Berühmt für eine Schweinerei

Lohnt ein Besuch?

Mit Stolz betrachten sich die Bewohner des nordöstlichen Oberfrankens als die größten Dickschädel. Aber der Kenner weiß: Den rund 750 Bewohnern von Gnodstadt ist es gelungen, den liebenswerten, für Franken so typischen Charakterzug des Eigenbrötlerischen noch weiter zuzuspitzen. Sie haben ihre anarchische Unfähigkeit, sich an irgendetwas anzupassen, mit einem Klecks milder Gelassenheit gewürzt. Offenherzig stur, dieser erste Eindruck setzt sich fest, sobald man die 1978 nach Marktbreit eingemeindete Kuriosität genauer unter die Lupe nimmt. Gnodstadt begeistert!

Was sollte man gesehen haben?

Das Erste, was in Gnodstadt auffällt, ist die nur um eine kleine Nuance verschobene, für die Augen überraschend andersartige Farbe des Sandsteins, aus dem die Häuser gemauert sind, die sich auf beiden Seiten eines Talgrunds steil den Hang hinaufziehen. Er stammt aus einem Steinbruch gleich hinter dem Dorf, seinen gelb-grau-grünen Stich verdankt er Einschlüssen von Brauneisenerz und Chlorit. Unten am Bräubach bittet das in fünfter Generation von der Familie Weinmann geführte **Gasthaus Grüner Baum** zu Tisch (Hauptstraße 1, Mi–Fr ab 16.30 Uhr, Sa ab 16 Uhr, So ab 11 Uhr). Wie in der Zeit der Markgrafen, betreibt der Wirt auch eine Landwirtschaft, schlachtet und wurstet selbst und kann aus Sicht der Stammgäste nicht oft genug Hase auf die Karte setzen. Legendär sind die Schlachtschüssel-Gelage in der zweiten Dorfwirtschaft, der **Gasthausbrauerei Düll** (Pfarrer-Geyer-Straße 1, www.duell-gnodstadt.de, Di und Do–Sa ab 17 Uhr, So 11.30–14.30 Uhr und ab 17 Uhr, Schlachtschüssel-Termine auf der Website). Der Obelisk der markgräflichen Maut- und Zollstation wurde 2012 wieder aufgestellt – zur Sicherheit einige Meter neben dem baulich entschärften Verkehrskreisel (von Gnodstadt über Enheim Richtung Geißlingen fahren, an der B 13 nach rechts).

Schmalzkübler

Im Fegefeuer der Halsabschneider

Zwei Tage Fußmarsch. Dann auf Knien um eine aus gelbem Sandstein gefügte Basilika rutschen. So lange und unerbittlich, bis – der Moment der totalen Erschöpfung – du dich fallen lässt, weil sich die Seele vom Körper löst. In den Schoß der Heiligen Jungfrau. Die sich deiner wie ihres eigenen Sohns annimmt, dich beweint und mit Tränen benetzt.

Höchstpersönlich hatte die Mutter Gottes im 16. Jahrhundert entschieden, dass sich Gößweinstein, ein abgelegenes Nest im Herzen der Fränkischen Schweiz, über Nacht zu einem der wichtigsten Wallfahrtsorte nördlich der Donau entwickeln sollte. Eine Marienstatue, so die Sage, die man vor den Lutheranern gerettet hatte, weigerte sich, von dort aus weiter nach Bamberg gebracht zu werden. Fortan legte man überall, wo man am rechten Glauben festhielt, das Gelübde ab, das wundertätige Abbild einmal im Jahr zu besuchen. So auch 1684 in Bad Staffelstein, nachdem dort ein Feuer alle Häuser vernichtet, die Kirche St. Kilian aber verschont hatte.

Um dem Ansturm der Gläubigen Herr werden zu können, bekam das Schnitzwerk 1739 eine neues, großes und prächtiges Gotteshaus.

Als am Mittag des 5. August 1746 die ersten »Feuer!«-Schreie durch Gößweinstein gellten, hätten sich eigentlich Zweifel einstellen müssen, ob der Herrgott wirklich weiß, wie man seine Liebe gerecht unter seinen Kindern aufteilt. Erst wurden 53 Wohnhäuser und die Schule zu Asche, die Türme der Basilika zu Stümpfen, verlor das Gotteshaus sein Dach. Dann wurden die letzten Flammen gelöscht. Und erst dann geschah es, dass die aus den Nachbardörfern zum Helfen herbeigeeilten Bauern Schmalz als Brandursache ins Spiel brachten. »Da wär'n ja 20 Kübel voll nötig g'wesen.« »Eben. Die Gößweinsteiner horten es eimerweise.«

Wegen der Wallfahrer. Die gaben für ein dick mit Zucker bestreutes Fettgebäck alles, was sie an Barem eingesteckt hatten. Nachdem das letzte Amen gesprochen war.

Grüezi mitenand!

Lohnt ein Besuch?

Das im Schutz einer Burg entstandene Gößweinstein ist auch heute eine Bastion des Katholizismus, auch wenn die etwa 140 Wallfahrergruppen, die sich jedes Jahr dorthin aufmachen, die Basilika nicht mehr auf Knien umrunden. Seit dem 19. Jahrhundert müssen sie sich den Ort, an dem es auch dann nicht gelang, eine aus der Wallfahrtskirche von Hüll bei Betzenstein herantransportierte Figurengruppe wieder fortzubringen, wenn man zehn Pferde vor den Karren spannte, mit immer mehr Wanderurlaubern teilen. Die weltlichen Pilger schätzen an Gößweinstein, dass die Berge hier nur fränkische Dimensionen haben, man sich aber so fühlt, als würde man seinen Urlaub in der Schweiz verbringen. Etliche der charmanten alten Hotels und Gaststätten zitieren einen für die Alpen typischen Baustil.

Was sollte man gesehen haben?

Wie es sich für einen Wallfahrtsort gehört, wird Gößweinstein von einem prächtigen Kirchenbau dominiert, von dem aus eine Vielzahl an Sakralem in alle Bereiche des Ortes hineingreift. Wer nicht zum Beten anreist, ist dort nur dann gern gesehen, wenn er sich mit allem zurückhält, was die andächtige Atmosphäre stören könnte. Die auf eine Terrasse gestellte und damit über den Gast-, Geschäfts- und Wohnhäusern thronende **Basilika** gilt als ein Meisterstück jenes Architekten, der es mit der Würzburger Residenz sogar auf die Liste des UNESCO-Weltkulturerbes geschafft hat: Balthasar Neumann (1687–1753). Die wundertätige Figurengruppe wurde in den Hochaltar des barocken Neubaus integriert. Verehrt wird nicht nur Maria, die nicht in jeder Version der Sage mit dabei ist. Die Gläubigen bitten zuvorderst die Heilige Dreifaltigkeit – Gott Vater, seinen Sohn und den Heiligen Geist – um Schutz und die Heilung von Krankheiten. Das Wirtshaus, in dem die Bauern 1746 über Schmalz philosophierten, die **Krone**, existiert noch. Es liegt gegenüber der Basilika.

Überseeländler

Für 150 Jahre ein Küstendorf

Eine neue Spezies von Brücken amüsiert seit einigen Jahren auf immer mehr Autobahnen. Die sündhaft teuren Lachnummern schwingen sich mit der Breite einer Überlandstraße über die Fahrbahn, aber sie tragen keinen einzigen Teerstreifen. Mindestens 90 Stück will die Bundesregierung bis 2020 bauen lassen. Weil das Wildtier von heute zur Inzucht neigt. Asphaltpisten schneiden ihm den Weg dorthin ab, wo sie, eine rollige Dame, mit Duftstoff markiert hat: Dies ist ein Liebesnest!

Die sogenannten Grünbrücken sind die jüngste Konsequenz aus einem langen Lernprozess, der in Großgründlach begann, einem auf die fruchtbare Erde des Knoblauchlands gestellten und daher stets gut genährten Dorf neun Kilometer südlich von Erlangen. 1832 wurden Pläne öffentlich, die dort ganz sicher kontrovers diskutiert wurden. Im wahrsten Sinn des Wortes einschneidende Veränderungen würde es geben. Dank des größten Bauprojekts, das man bis dahin in Bayern – erneut: im

wahrsten Sinn des Wortes – durchgezogen hat. Ab Juli 1836 stocherte ein Heer aus Arbeitern so lange in der Erde herum, bis es einen 1,46 Meter tiefen, 15,76 Meter breiten, sich nach unten leicht verjüngenden Graben ausgehoben hatte, der in etwa an der heutigen Fürther U-Bahn-Station Stadtgrenze begann und erst oben in Bamberg endete. 1843 wurde dieser erste Abschnitt des Ludwigskanals, der bald die Donau mit dem Rhein verband, in Betrieb genommen, hob die Schleuse Großgründlach ihren ersten Kahn um über zwei Meter an.

Jetzt muss man nur noch ein Detail kennen, dann erklärt sich von selbst, warum den Großgründlacher Bauern der Weg auf die Felder am anderen Ufer und der nach Fürth, das ab 1862 ein Jahrhundert lang für sie zuständig war, so kompliziert und langwierig erschien wie eine Überfahrt nach Amerika. Mit Brücken hatte es der Planer Heinrich Freiherr von Pechmann nicht so, er glaubte, dass auf insgesamt 172 Kilometer 100 Stück ausreichen würden.

Hier gibt's was aufs Brot

Lohnt ein Besuch?

Fährt man heute von Fürth nach Erlangen, kann man sich beim besten Willen nicht vorstellen, dass sich dort bereits 150 Jahre vor dem Rhein-Main-Donau-Kanal ein Bauwerk gleicher Funktion durch die Landschaft gezogen hat. Aber genau in diesem Moment folgt man exakt seinem Verlauf. Denn ab 1967 machte sein schmales Bett der breiten Autobahn A73 Platz, wurden aus Schleusen Auffahrten. Nichts blieb erhalten. Dem Dorf Großgründlach ist aber noch viel mehr verloren gegangen: sein barocker Landschaftspark, sein lebendiger Charme und zuletzt auch noch seine über Jahrhunderte gepflegte Tradition des Tabakanbaus.

Was sollte man gesehen haben?

Vorschlag: Wenn sich der Verkehr zwischen Erlangen und Fürth mal wieder zum Stau verdichtet, ist der Moment gekommen: Wir fahren ab! Denn wir sind neugierig. Viel von Großgründlach wollen wir aber gar nicht sehen, hübsch ist nur der **alte, kleine Ortskern** mit seinen typischen Sandstein- und Fachwerkhäusern zu beiden Seiten der Hauptstraße. Die Kirche an deren nördlichem Ende hat ihre Ursprünge im 14. Jahrhundert und wurde später zu einer Festung ausgebaut, in der sich die Dörfler bei einem Angriff verschanzen konnten. Hinter ihr ruht in zweiter Reihe ein **Schloss**, das sich die Nürnberger Patrizier Haller von Hallerstein als Rückzugsrefugium bauen ließen und zu dem einst ein Landschaftsgarten gehörte, der bis zur Autobahn reichte. Es wird bewohnt, es wird gebeten, auch seinen Hof nicht zu betreten. Ein Stück weiter die Hauptstraße hinunter bei der Nr. 18 stellen wir dann doch fest, dass sich ein kurzer Abstecher immer lohnt. Der unscheinbare **Großgründlacher Bauernladen** ist ein fränkisches Kulinarikparadies par excellence, angeboten werden Wurst und Fleisch aus eigener Schlachtung, Holzofenbrot und vieles mehr (Do, Fr 8.30–12.30 Uhr und 14.30–18 Uhr, Sa 7–13 Uhr). Wenn geschlossen, drückt man sich am Automaten eine Notversorgung.

Grohbirn

Fränkisches Obst aus Hessen

Die Bewohner des Fachwerkstädtchens Großostheim müssen einigermaßen schräge Vögel sein. Wie man halt wird, wenn man, weil man im letzten Zipfel von Bayern lebt, den Ausländern zugeordnet wird. Den Hessen. Die sie wiederum für Pfälzer halten. Sich selbst nennen sie Äisdemer. Wie um sich vor neugierigen Forschungsexpeditionen zu schützen, haben sie ihrem Platz an der Sonne den Namen Oustem gegeben. Damit es ihnen nicht so ergeht wie unter Wilhelm Zwo den Negern Ostafrikas, sie nicht ständig vom Scheitel bis zur Sohle vermessen werden.

2012 konnte einer von ihnen das Elend nicht mehr mit ansehen. Gemeindegärtner Manfred Lang setzte alle Hebel in Bewegung, bis er eine Baumschule fand, die die beinahe ausgestorbene Birnensorte »Gute Graue« kultivierte und ihm zehn Exemplare überlassen konnte. Denn mit einem letzten, altersschwachen Birnbaum drohte den Bewohnern der heimlichen Hauptstadt des Bachgaus das letzte Stück Klarheit verloren zu gehen, wer sie waren, sind und sein wollen:

Die »Gute Graue« wurde im 18. Jahrhundert in Frankreich gezüchtet. Bei den Bauern punkten konnte sie allerdings nicht. Abschätzig wurde sie in Grohbirn umgetauft. Sie ist vergleichsweise klein, nur zwei Wochen lagerfähig und wehrt sich mit einer harten Schale gegen ihre Verarbeitung zu Kompott und Kuchen. Ebenfalls im 18. Jahrhundert verloren die Großostheimer ihre wichtigste Einnahmequelle, den Weinbau. Die Konkurrenz hatte die besseren Lagen, Böden und damit die besseren Tröpfchen. In Aschaffenburg schlugen sie die Hände über den Köpfen zusammen, als die Wahnsinnigen ihre Reben ausrissen und ausgerechnet dieses Unding von Obstbaum auf ihre Felder pflanzten. Und das auch noch in Massen. Sie ahnten nicht, wie viel die Äisdemer bald davon haben würden. In Form von Hutzeln. Als Erste und Einzige. Keine andere Birne lässt sich so gut trocknen wie die Grohbirn. Ein Bombengeschäft.

Wieder mit Rebstöcken bepflanzt

Lohnt ein Besuch?

Im Bachgau, dem vor Urzeiten gerodeten, von den antiken Römern dankbar in Besitz genommenen Kulturland südwestlich von Aschaffenburg, fließen der hessische und der Pfälzer Dialekt ineinander. Sie überlagern und mischen sich. Und mit ihnen die Lebensarten der beiden ungleichen Regionen. Großostheim ist das Herz des bayerischen Teils, der Westen des Bachgaus gehört zu Hessen. Auch wenn die überraschend große Altstadt bedrückend leblos und ausgestorben wirkt, die Augen freuen sich, denn es geht auf eine Kreuzfahrt durch ein Meer von Fachwerkhäusern – 148 Gebäude sind denkmalgeschützt.

Was sollte man gesehen haben?

Großostheims gute Stube ist der **Marktplatz**, zu dem wir uns ausnahmsweise nicht bis in die Mitte des Ortes durchkämpfen müssen, er liegt am Rand der Altstadt. Das auffälligste Gebäude, der an eine Burg erinnernde Großbauernhof des Amtsmanns, beherbergt heute das **Bachgau-Museum** (nur So 14–17 Uhr). Die sehenswerte Galerie alter Dinge liefert eine Fülle von Details über den Niedergang des Weinbaus und die steile Karriere eines neuen Getränks. Die Geschichte der lokalen **Brauerei Eder & Heylands**, heute eine der größten in der Region, lässt sich bis 1779 zurückverfolgen. Auch der Weinbau ist mittlerweile zurückgekehrt. Zumindest im kleinen Stil. Großostheim gehörte von 1278 bis 1803 zum Herrschaftsgebiet der Bischöfe von Mainz, kam erst 1814 zum Königreich Bayern. Vom Marktplatz aus führt eine Straße nach Westen aus der Stadt hinaus in Richtung Pflaumheim. Am Ortsausgang von Großostheim findet sich eine Wiese, auf der die **Grohbirn** wächst (gegenüber dem Parkplatz eines Getränkemarktes). Empfehlenswerter ist ein Bummel durch die Innenstadt. Tipp für Hobbygärtner: Im 15 Kilometer entfernten **Kleinostheim**, wo man die Gute Graue ebenfalls kultiviert hat, wird sie jeden Juli mit einem mehrtägigen Birnenfest gefeiert. Dort heißt sie Goubern.

Pflasterscheißer

So riecht's bei hohen Tieren

Wenn Schlossführer ihren Rundgang auflockern wollen, garnieren sie ihn gern mit Einblicken in die hygienischen Abgründe der Barockzeit. Beispiel Ansbach. Wie an anderen Residenzen gab es in der Machtzentrale der fränkischen Hohenzollern – wenn überhaupt – nur eine einzige Toilette, einen Stuhl mit einem Loch in der Sitzfläche. Sie war dem Markgrafen vorbehalten. Und der Hofstaat? Der war so frei, sein tägliches Häufchen in den Fluren und Treppenhäusern zu setzen.

Auch in Gunzenhausen, der Lieblingsstadt von Karl Wilhelm Friedrich von Brandenburg-Ansbach (1712–1757), muss es damals zum Himmel gestunken haben. Einer Dame wegen, der Falknerstochter Elisabeth Wünsch, hatte der Exzentriker unter den Ansbacher Markgrafen angeordnet, das vor sich hin schlummernde Provinznest zu seinem Regierungssitz auszubauen. Der Hof des Amtmanns, das heutige Rathaus, wurde zu seinem Wohnpalais, in direkter Nachbarschaft gönnten sich seine Würdenträger luxuriöse Neubauten. Nur WCs wurden keine beauftragt. Zu den Exkrementen, die die Gunzenhausener wie eh und je aus ihren Nachttöpfen auf die Straße kippten, gesellten sich jetzt Tag für Tag etliche hundert warme Würste, die Karl Wilhelm Friedrichs Diplomaten, Beamten, Diener und seine Leibgarde hockend in Form drückten. Wehe, wenn es eine Woche lang nicht regnete ...

Zur Ehrenrettung Gunzenhausens muss angemerkt sein, dass die braune Schicht auf den Straßen weder einzigartig war noch den Rahmen des Üblichen sprengte. Aber sie war so dick aufgetragen, dass man in den Dörfern der Umgebung gar nicht anders konnte, als zum verbalen Schlag in die Eingeweide der ach so vornehmen Städter auszuholen. Auch in Alsfeld (Hessen), Erlangen, Fulda, Meiningen (Thüringen), Neuenbürg (Schwarzwald), Nördlingen und so weiter müssen die Bürger noch heute damit leben, dass sie Pflasterscheißer sind. Der böse Spitzname ist deutschlandweit verbreitet.

Erklingt der Wunsch, für sich zu bleiben?

Lohnt ein Besuch?

Die kleine Altstadt von Gunzenhausen strotzt nur so vor Geschichte. Aber leider, als Laie sieht man es ihr nicht an, dass es Zeiten gegeben hat, in denen die Welt in ihren Gassen zu Hause war. Etliches hat Karl Wilhelm Friedrich, dem Elisabeth Wünsch vier uneheliche Kinder geschenkt hat, für sich, seine Leidenschaft, die Falknerei, seine Mätresse und seine vielköpfige Gefolgschaft bauen lassen. Nichts davon vermag einem heute mehr als ein gnädig gelangweiltes Lächeln zu entlocken. Gunzenhausen ist dazu verurteilt, dass man nach einem sportlich erholsamen Tag am und auf dem nahen Freizeitparadies Altmühlsee gern auf ein Eis hineinfährt, aber nicht allzu lange bleiben will.

Was sollte man gesehen haben?

Das erste große Leider, um das man beim Thema Gunzenhausen einfach nicht herumkommt, ist 2.000 Jahre alt. Dort, wo seit dem 15. Jahrhundert die gotische **Kirche St. Mariä Virginis** den Gläubigen den Weg in den Himmel weist, hatten schon die Römer ein **Kastell** hochgezogen. Es heißt, dass sich seine Umrisse an der Bebauung und der Straßenführung nachvollziehen lassen. Dafür muss man aber 20 Semester lang die hohe Kunst studiert haben, mehr zu sehen, als die Augen wahrnehmen können. Das zweite große Leider ist die Verschlossenheit, die das erste und das zweite markgräfliche Stadtschloss, das heutige Rathaus und das dahinterliegende Haus des Gastes an den Tag legen. Die Parole »Wer keinen Anlass vorweisen kann, muss leider draußen bleiben« gilt für nahezu alle Kleinode aus jener kurzen Ära, in der das Fürstentum Ansbach zuvorderst von Gunzenhausen aus regiert wurde. Bleibt also nur, sich nach einem kleinen Bummel in eines der Cafés oder Restaurants zu setzen. Aber Vorsicht: Mehrmals am Tag stimmt ein **Glockenspiel**, das 1996 auf dem historischen Marktplatz errichtet wurde, neckische Volkslieder an, um alle Fremden aus der Stadt zu vertreiben.

Rossbollenfischer

Wir wünschen keinen guten Fang

Als sich der Mensch vor 11.000 Jahren entschied, dass es mit dem ewigen Umherziehen nun wirklich genug war, und sich sein erstes Dorf mit Koben und Ställen baute, gehörte er bereits ganz selbstverständlich dazu. Dennoch fällt kaum auf, dass er heute komplett verschwunden ist. Auch in Heinersreuth, einem zu stattlicher Größe angeschwollenen Dorf gleich hinter Bayreuth, das jeder nur vom Durchfahren kennt. Täglich hüllen 15.000 Autos und Laster seine mehrheitlich längst aufgegebenen Höfe, die sich an einer uralten Überlandstraße aneinanderreihen, in eine Wolke aus Lärm, CO_2 und Feinstaub.

Man kann davon ausgehen, dass sich die Heinersreuther besonders große Mühe gaben, ihre Misthaufen akkurat und sauber aufzuschichten: rechtwinklige Kanten, von vorne her, von wo sie mit einer Karre frisches Braunes hinaufschubsten, gleichmäßig ansteigend, hinten ein gerader Abschluss. Bis der in den Sechzigern aufkommende Spaltenboden dem Misthaufen den Garaus gemacht hat, hieß es, dass man an seiner Schichtung erkenne, ob der Hof gut geführt werde und es sich lohne, dort einzuheiraten. Heinersreuth lag auf dem Präsentierteller. Den durchziehenden Fuhrleuten entging nicht das kleinste Malheur.

Von daher hätte jener Bauer gewarnt sein müssen, als er mit einem Eimer, der an einem langen Stiel befestigt war, in der Jauchegrube herumstocherte, die unter dem Misthaufen eingelassen war. In ihr sammelte sich neben dem Urin der Viecher all das, was der Mensch im Plumpsklo fallen ließ. Von einem Ochsenkarren aus, der im Schneckentempo vorwärtskroch, sah man, wie er den Schöpfeimer hochzog und seine Beute vor sich auf den Boden kippte: braune Bollen. Er hob sie auf, trug sie zum Brunnen, wo sie sich unterm Wasserstrahl in Äpfel verwandelten. In einen biss er hinein. Seither wussten nicht nur die Bettler, dass es besser ist, zu verhungern, als bei einem Heinersreuther zu Gast zu sein.

Am besten gezielt daran vorbeilaufen

Lohnt ein Besuch?

Leider, der längere der beiden Quellflüsse, die sich bei Kulmbach zum Main vereinen, ist das einzige Argument, das Heinersreuth für sich in die Waagschale werfen kann. Und dieses Argument ist obendrein nur ein schwaches, denn der von Wanderern und Radfahrern gleichermaßen hochgeschätzte, parallel zum Fluss verlaufende beziehungsweise sich durch seine Auen schlängelnde Rotmainweg führt gar nicht durch den Ort, man läuft unterhalb des Dorfes an ihm vorbei. Heinersreuth selbst zeichnet sich durch einen eklatanten Mangel an Entdeckenswertem aus. Wer sich dennoch umsehen will, darf sich nicht davon irritieren lassen, dass ihn die Einwohner keine Sekunde aus den Augen lassen. Die Heinersreuther meinen es nicht böse. Sie sind es einfach nicht gewohnt, dass Fremde bei ihnen einen Halt einlegen, wissen aber, dass sich Halunken freundlich geben können.

Was sollte man gesehen haben?

Eine nette Sonntagetappe auf dem **Rotmainweg** ist der circa 14 Kilometer lange, landschaftlich äußerst reizvolle Abschnitt von Neudrossenfeld nach Bayreuth, der an Heinersreuth vorbeiführt. Leider kommt man mit öffentlichen Verkehrsmitteln nicht wirklich gut zum Ausgangsort. Die Beschilderung ist hervorragend, Wegzeichen ist ein rotes M. Vor Heinersreuth spaltet sich der Fluss vorübergehend in zwei Äste auf. Keimzelle des Ortes ist eine Wasserburg, die im 10. Jahrhundert in den Auen zur Sicherung der bereits damals existierenden Fernstraße errichtet wurde und in deren Schutz sich bald die ersten Bauern ansiedelten. Erkennbare Hinterlassenschaften gibt es leider nicht. Das Dorf wuchs nur gemächlich heran, 1398 zählte es 17 Höfe, 1810 war es auf immerhin 55 Häuser angewachsen. Als herausragende Ereignisse verzeichnet die Ortschronik die Einführung des Schulunterrichts 1747 und den Bau des Wasserleitungsnetzes 1931. Fallobst lässt man in Heinersreuth auch heute ungern verkommen.

Flaggng

Von Sprösslingen und ihren starken Trieben

Mit derselben Rigorosität, mit der die Pubertät die Gesichter ihrer Buben mit gelben Tupfen sprenkelte, sparten sich die Väter einst Rücklagen an. All die abgelegenen Scheunen, in denen sich die Jugend mit Streichhölzern abreagierte, wollten und sollten ja ersetzt werden. In der guten alten Zeit unserer Urururgroßväter gehörten kolossale Schäden so selbstverständlich dazu wie Zahnweh zum Karamellbonbon, wenn der Sohn zum Mann heranwuchs. Schenkt man den spärlichen, nicht wirklich gut gesicherten Quellen Glauben, setzte der Fluch des Testosterons den Jungs aus Herzogenaurach besonders dicke Hörner auf.

Wo heute Adidas und Puma eine lange Tradition fortschreiben, hatte man nie echte finanzielle Nöte. Bis Mitte des 19. Jahrhunderts lebte die Stadt von der Tuchmacherei, dann stieg sie aufs Schusterhandwerk um. Auf die Tuchmacherei geht die Geschichte zurück, dass die Herzogenauracher die Flagge des Hochstifts Bamberg nicht finden konnten, als ein Besuch des Bischofs

anstand. Aus Resten flickten sie das Wappen neu zusammen. Es soll ihrer Eminenz nicht aufgefallen sein.

Der Schelmenstreich korrespondiert mit jener Dialektschöpfung, die man sich im 20 Kilometer entfernten, deutlich bescheideneren Höchstadt einzuführen gezwungen sah, um harmlose Zigarettenbürscherl von denen aus Herzogenaurach unterscheiden zu können. Speziell an den Kirchweihtagen war es keine Seltenheit, dass sich einer der Letzteren in das Bett eines hübschen Maadla neiflaggde, wo man ihn am nächsten Morgen, noch immer ermattet, fand. Das führte dazu, dass man in Höchstadt die Väter hübscher Töchter warnte, indem man die männliche Herzogenauracher Jugend Flaggng nannte.

Jetzt ist klar, weshalb die Rotzbuam Streichhölzer haben durften. Neun Monate nach der Höchstädter Kerwa war eine erste Rate zu begleichen. Für diese Nacht sollten ihre Väter noch Jahre zahlen. Eine Scheune kam deutlich billiger.

Gleich kaufen oder nur mal umsehen?

Lohnt ein Besuch?

Warum es seinen Reiz hat, regelmäßig in Herzogenaurach vorbeizuschauen, darüber scheiden sich die Geister. Für die einen, weil die
Welthauptstadt des Sneakers ein Jagdrevier ist, in dem die Schnäpp-
chen keine Schonzeit haben. In den Outlets der ewigen Rivalen Adidas und Puma landet man immer ein paar Treffer. Andere suchen
nach jenem Kleinstadtflair, der an ihrem Wohnort fehlt. Dass sie ihn
hier finden, ist so sicher wie das Amen, mit dem der Pfarrer den Got-
tesdienst beschließt.

Was sollte man gesehen haben?

Man muss wissen: Herzogenaurach zeigt sich nur in der warmen
Jahreszeit von seiner Schokoladenseite. Nur dann laden zusätzlich
zu den Altstadt-Cafés und Restaurantbiergärten die üppigen Auen
am Flüsschen Aurach dazu ein, den halben Tag im Freien zu verho-
cken. Wirklich gesehen haben muss man nur die Speisekarten, die
am und rund um den Marktplatz vor den Lokalen aushängen und
mit ihren Offerten den Magen zum Knurren bringen. Im alten Rathaus, einem wuchtigen und zugleich verspielten Fachwerkbau aus
dem 15. Jahrhundert, bittet die **Herzobar** zum Aperitif (Mo–Sa ab
17.30 Uhr). Gegenüber rät ein vergoldetes, in ein üppiges Wirtshaus-
schild eingehängtes Rindvieh, den Abend im Haus hinter ihm mit
einer aus seinem Fleisch gekochten Suppe zu eröffnen. Im gehoben
rustikalen **Roten Ochsen** wird echt Fränkisches aufgetischt (Mo–Sa
11.30–14 Uhr und 17.30–21.30 Uhr, So/Feiertage 11–15 Uhr). Wem im
Anschluss an sein Schäufele nach einem Verdauungsspaziergang
ist: der sich verjüngenden Straße folgen, die bergauf führt, und nach
einem Brücklein nach rechts in die **Kirchgasse** abbiegen. Jetzt stehen
wir an der Keimzelle der 1002 erstmals urkundlich erwähnten, wohl
aber deutlich älteren Stadt, die im Mittelalter mit einem Königshof
bebaut war. Von hier zu den **Auen an der Aurach**: bergab, egal wie.
Die Laufrichtung beibehalten, bis das Grün erreicht ist.

Hunnen

Das Dorf der wilden Reiter

»Uns ist in alten Mären viel geseit von lobenswerten Helden«, so beginnt ein Ritterepos, das die Phantasie ganzer Generationen von Heimatforschern beflügelt hat. In den Kindertagen der Archäologie träumten die Privatgelehrten auch in Franken davon, dass er vor ihrer Haustür seine Spuren hinterlassen hat, der Stoff, aus dem das Nibelungenlied gestrickt ist, die Sage vom Kampf der Burgunder gegen König Attila, der im 5. Jahrhundert die Völkerwanderung in Gang setzte. Und tatsächlich: Man musste nur die Vergangenheit von Hetzles durchwühlen, eines Bauerndorfs am Westrand der Fränkischen Schweiz.

Als Hunnen beschimpft man seit alters die Bewohner von Hetzles. Klingt da nicht der Name, den der Hunnenkönig im Epos trägt: Etzel? Weil in jedem Spott ein Körnchen Wahrheit steckt, könnte es doch sein, dass im Jahr 451 nach der verlorenen Schlacht auf den Katalaunischen Feldern nicht alle Invasoren den Weg zurück in ihr Stammland Ungarn fanden. Aber die Erdwälle auf dem Bergplateau oberhalb des heutigen Dorfes beweisen leider doch nicht, dass sich damals erschöpfte Krieger gesagt haben: bis hierher und nicht weiter! Heute weiß man, sie sind keltischen Ursprungs und damit wesentlich älter.

Plausibel hingegen ist die Erklärung, es liege am Alkohol, dass man den Hetzlessern nachsagt, sie würden wie die Hunnen hausen. Der Ort ist streng katholisch. Einst war ihm nicht nur in den 40 Tagen vor Ostern Fasten auferlegt. Auch im Advent. Vereinfacht gesagt, durfte man sich in Hetzles die gesamte Zeit, in der in Oberfranken noch heute Bockbier Saison hat, nur vom Starkbier ernähren. Die Folgen dürften Nacht für Nacht bis ins gerade einmal zwei Kilometer entfernte Ermreuth zu hören gewesen sein. Nüchtern vertrat man dort die Meinung, dass sich Gott nicht durch Askese gnädig stimmen lasse. Und schon gar nicht durch Grölerei. Denn man lebte im Evangelischen, auf der zivilisierten Seite.

Wo wir uns finden? Unter Linden!

Lohnt ein Besuch?

Landkarte und Navi kennen mehrere Wege nach Hetzles, aber wer sein Gefährt nicht auf Schotterpisten ruinieren oder sich auf eine Irrfahrt begeben will, sollte die Fachwerkversion von Astrid Lindgrens Bullerbü über Neunkirchen am Brand anfahren. Die Kombination der Worte »Freiluftmuseum« und »bewohnt« bringt das Idyll auf den Punkt. Sportskanonen: Mountainbike oder Wanderstiefel einpacken! Am Dorfrand steigt der Hetzleser Berg so steil bergan, dass sogar die Autos japsen. Lohn der Mühe: Kaffee und Kuchen in der Waldschänke Am Streitbaum (nur So/Feiertag) und ein Bergplateau mit einer Aussicht, die als atemberaubend zu bezeichnen untertrieben ist. Ein dichtes Netz an Rad- und Wanderwegen führt – Tipp! – bis in den neun Kilometer entfernten Biergarten der Klosterbrauerei von Weißenohe.

Was sollte man gesehen haben?

Auf die Frage, wie die Hetzlesser zu Hunnen wurden, wird als dritte Erklärung Streitsucht angeführt. Wer bei einem Spaziergang durchs Dorf nach Linden Ausschau hält, will das sofort unterschreiben. Vorschnell! Seit den Zeiten der Germanen war die Linde der Baum, unter dem Gericht gehalten wurde. Hetzles hatte da einen ganz großen Bedarf. Das prächtigste Exemplar steht im Biergarten des **Schwarzen Adlers**, dem urigen, aus der Zeit gefallenen Dorfgasthaus (Fr–Mo und Mi ab 9 Uhr, Do ab 18 Uhr, am Wochenende typisch fränkische Braten). Da man Linden aber auch zur Verehrung der heiligen Kunigunde (um 980–1033) pflanzte, der Gemahlin von Heinrich II., dem Gründer des Bistums Bamberg, mündet auch Theorie Nummer drei in den Clash der Konfessionen. Auf Schritt und Tritt Marienstatuen und Heilande. Besonders bemerkenswert: Eine **»falsche« Dreifaltigkeitsgruppe**, sie besteht aus Gottvater, Jesus und – anstelle des Heiligen Geistes – der Himmelskönigin Maria. Ihre Verehrung ist den Lutheranern untersagt. Kampfkatholizismus in Bestform.

Bayerisch Sibirien

Im ersten Kreis der Hölle

Unter Deutschlands Arbeitnehmern geht die Angst um. Sie bleiben liebend gern zwei Stunden länger im Büro, bieten an, auch am Sonntag zu kommen. Unbezahlt. Angefangen hat es in einem Medienkonzern. Mittlerweile fragen sich Dutzende CEOs, weshalb sie nicht schon früher die Disziplin und Leistung ihrer Teams auf ein chinesisches Niveau gehievt haben, indem sie die ultimative Drohung in den Raum stellten: Versetzung nach Hof.

Anfang des 19. Jahrhunderts. Der kognitiv schnell überforderte bayerische Herzog beziehungsweise König Maximilian I. Joseph tritt einen Zweikampf los. Die letzte Stadt vor dem Ende der Welt wird als Verlierer aus dem Ring steigen. Für immer gezeichnet. 1805, als Maximilian Hofs Kontrahenten, das Allgäuer Bergdorf Balderschwang, übereignet bekam, soll er seiner Freude mit folgenden Worten Ausdruck verliehen haben: »Dann ist das nun mein Bayerisches Sibirien.« Denselben Satz soll er seinem Ja nachgeschoben haben, als ihm Napoleon 1810 das von ihm besetzte Hof zum Kauf anbot. Die auf 1.044 Meter über Normalnull gelegene Kältekammer Balderschwang verhätschelt und liebt ihren Ehrentitel, der Wintersportler wissen lässt: schneesicher! Hof, wo das Thermometer immer zwei Grad weniger als im übrigen Franken anzeigt, bekam die Rolle eines Gulags zugewiesen, einer Strafkolonie für aufmüpfige Staatsangestellte.

Die Frage bleibt, weshalb CEOs erst vor wenigen Jahren die Macht der 1810 eingeführten Tradition erkannt haben, faulem Personal die Möglichkeit einer Strafversetzung nach Hof zu verkünden. Böse Zungen munkeln, dass der Stadtbrand, der das fränkische Murmansk 1823 dem Erdboden gleichmachte, von um ihr Lebensglück betrogenen Beamten gelegt wurde und dass die berechtigte Frage, ob es wirklich sinnvoll sei, den Ort wiederaufzubauen, in München entschieden wurde. Mit Ja. Weil der Staatsapparat Hof zur Disziplinierung und Abschreckung ineffizienter und aufmüpfiger Bediensteter brauchte.

Paradiesisch tief verschneit

Lohnt ein Besuch?

Permanent damit beschäftigt, sich über ihren schlechten Ruf zu echauffieren und allen, denen es bei ihnen nicht gefallen hat, böse Briefe zu schicken, haben die Hofer vergessen, dass jede Stadt irgendetwas braucht, das das Herz wärmt. Leider, ihr Verweisen auf eine Tradition, die es nur bei ihnen gibt, macht die Sache nicht besser: Männer in grünen Schürzen, die sich mit einem Messingtopf an die Straße stellen, in dem sie eine Auswahl an Brühwürsten warm halten. Offenbar tage-, ja wochenlang. Spätestens wenn man die kulinarische Spezialität im Magen liegen hat, ist es höchste Zeit, ein anderes Örtchen aufzusuchen. In Balderschwang wird uns das nicht passieren. Im Gegenteil. Weshalb wir Hof sich selbst überlassen wollen und stattdessen dort ein genuss- und erlebnisreiches Wochenende verbringen, wo sich der Gast wertgeschätzt und willkommen weiß. Zu unserem eigenen Schutz. Selbst die wenigen Besucher, die es aus einer der hintersten Kleinstädte Brandenburgs in das nach dem Stadtbrand von 1823 von Grund auf neu angelegte Hof verschlägt, wollen sich dort nicht zu lange aufhalten. Und das nicht, weil sie frieren.

Was sollte man gesehen haben?

Herrlich ist's, dass in Balderschwang sibirische Verhältnisse herrschen. Dank seines besonders frostigen Klimas kann der **höchstgelegene Ort in Bayern** garantieren, dass seine Skipisten weiß, seine Langlaufloipen makellos und seine Rodelbahnen weich gepolstert sind. 40 Kilometer **Abfahrten** und mehr **Skiwanderstrecken**, als der Sportlichste in seinem Jahresurlaub bezwingen kann, versprechen Abwechslung, Spaß, Spaß und noch mehr Spaß. Weil pure Lebensfreude hungrig macht, ein heißer Tipp: die Touren so legen, dass sie über die **Fuchsalm** führen (Di–So 11–16 Uhr). Die Hütte mit uriger Stube und einer von der Sonne verwöhnten Aussichtsterrasse wurde in die Top Ten der kulinarischen Bergerlebnisse gewählt.

Preußen

Stachel im Fleisch der Gemütlichkeit

Quer durch Bayern verläuft eine Grenze, dank der der Franke weiß, was die im Süden von ihm halten: gar nichts! Jederzeit wären die Münchner bereit, ihren Weißwurstäquator bis zum Letzten zu verteidigen. Warum diese Demarkationslinie? Und: Wie alt ist sie?

Der Satz, dass niemand die Absicht habe, eine Mauer zu bauen, kann nicht vor 1857 gefallen sein. In diesem Jahr erfand der Moser Sepp eine Brühwurst, die ihm die Münchner aus den Händen rissen. Mit dem Mittagsläuten wäre sie verdorben. 1870 traktierte Preußens Mann ohne Menschlichkeit, Bismarck, den Märchenkönig Ludwig II., bis der unter Schmerzen Bayerns Beitritt zu Preußendeutschland abnickte. Vorsorglich wurden Selbstschussanlagen angeschafft und Minen ausgelegt. Wer die Franken kennt, der weiß, dass dieser eigenbrötlerische, ständig über seine eigene Schlampigkeit meckernde, ansonsten notorisch schweigsame Volksstamm nicht das ist, für das ihn der Altbayer hält: eine Horde ausgschamter Saupreußen.

Leider lassen sich die Fakten aber so leicht verdrehen wie der Kilometerzähler eines Gebrauchtwagens. Im Umland von Hersbruck ist es den Münchnern bereits gelungen, eine breite Mehrheit auf ihre Seite zu ziehen. Damit sie vor den Münchnern besser dastehen, fordert das dortige Landvolk, die Demarkationslinie zwar zu verschieben – aber nur so weit, dass die Bewohner des zwei Kilometer hinter Hersbruck gelegenen Dorfs Hohenstadt weiterhin außen vor bleiben.

Für den Münchner zählt allein, dass der Markgraf von Ansbach und Bayreuth seine Fürstentümer verkaufte, weshalb beide ab 1792 zu Preußen gehörten. Fakt ist aber auch, dass die kleinen Leuten nicht gefragt wurden, ob ihnen ihre neue Staatsangehörigkeit recht war.

Und uns hat das auch wehgetan, werfen die Hersbrucker ein, die damals zu Nürnberg gehörten. Wie ein Stachel bohrte sich die preußische Enklave Hohenstadt ins weiche Fleisch unserer fränkischen Gemütlichkeit.

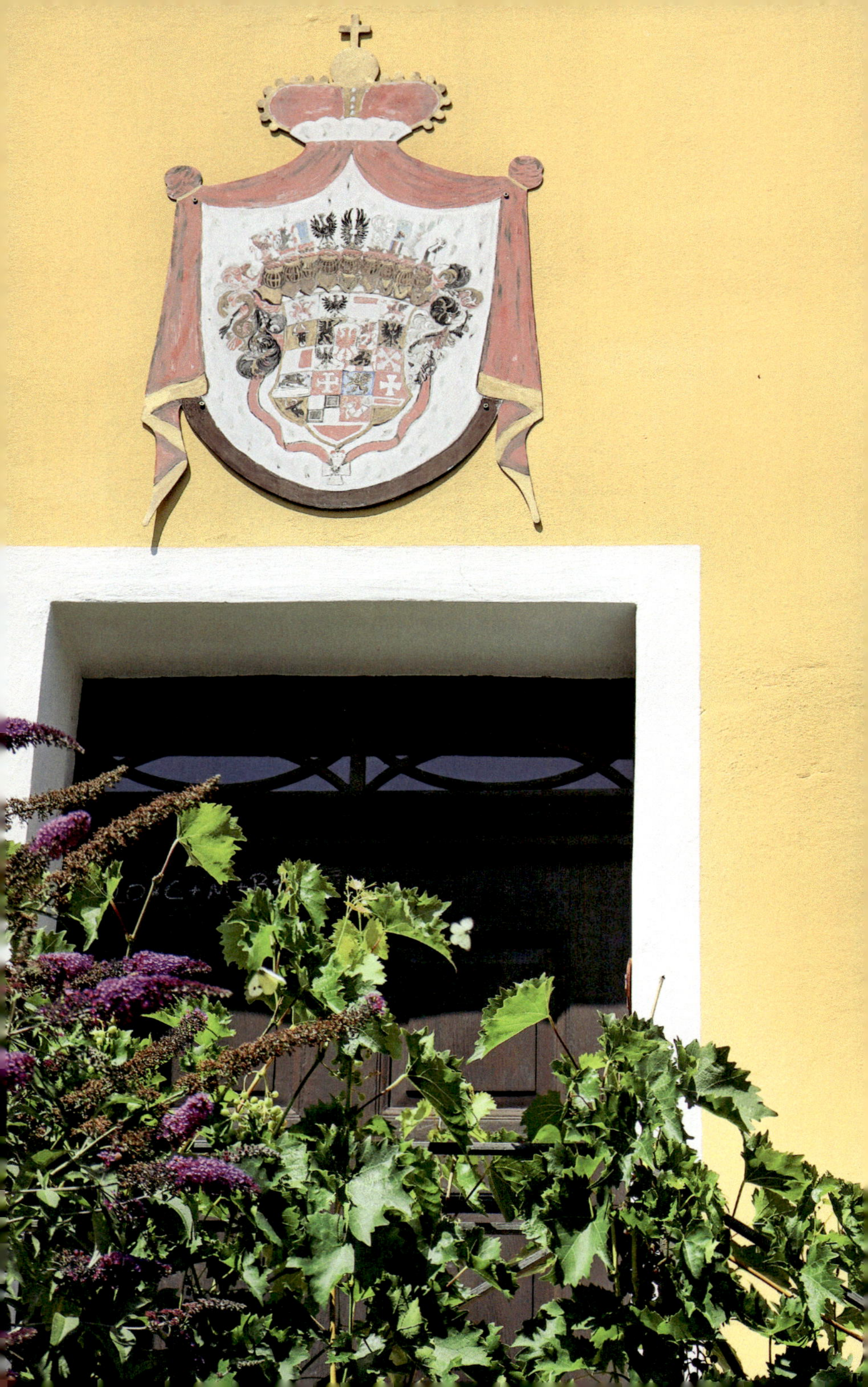

Der Nachbar, der hat Geschmack

Lohnt ein Besuch?

Man darf sich die 1792 an Preußen verkauften Fürstentümer Ansbach und Bayreuth nicht wie ein heutiges Staatsgebilde vorstellen. Bis Franken Anfang des 19. Jahrhunderts zu Bayern kam, muss man es sich als Puzzle denken, versuchte jeder Herrscher, so viele Teile wie möglich in die Hände zu bekommen, ob sie nun zusammenpassten oder nicht. Wer tauschen wollte, zettelte einen Krieg an. Durch einen solchen wechselten die stolze Handelsstadt Hersbruck und ein Gutteil ihres Umlandes 1504 von Bayern zum Territorium der Reichsstadt Nürnberg. Das nur einen Steinwurf vor der Stadtmauer gelegene Dorf Hohenstadt hingegen war bereits 1326 an die Hohenzollern übergegangen, die späteren Markgrafen von Bayreuth. 700 Jahre lang blieb es ein Fremdkörper im eigenen Land. Sehenswert ist es nicht. Es lohnt noch nicht einmal, auf dem Weg nach Pommelsbrunn, zu dem Hohenstadt 1972 eingemeindet wurde, kurz durchzufahren.

Was sollte man gesehen haben?

Pommelsbrunn, das Tor zur Oberpfalz, ist wegen eines Mangels, der uns Menschen mehrmals am Tag dazu zwingt, eine Tätigkeit zu unterbrechen, einen Ausflug wert. Das **Gasthaus Vogel** versteht es, mit vermeintlich einfachen, bodenständigen Gerichten nicht nur den Hunger, sondern darüber hinaus die Sehnsucht nach dem Urzustand des guten Geschmacks zu stillen (Sulzbacher Straße 14, Di–Fr 10–14.30 Uhr und ab 17 Uhr, Sa, So, Feiertage durchgehend ab 10 Uhr). Wer darauf besteht, die Fahrt dorthin durch einen kleinen Umweg zu verlängern, wird in den Chor all jener einstimmen, die lauthals den Untergang des Hopfenanbaus um Hersbruck beweinen. In Hohenstadts Dorfkern drängen sich viel zu viele Höfe aneinander, wie sie für die Region typisch sind: viel zu groß! Niemand weiß, was man mit ihnen anfangen könnte. Auf der **Fassade des Pfarrhauses** – oben bei der Kirche – findet sich das Wappen der Markgrafen von Bayreuth.

Presssackdrescher

Schade um den bösen Geist

An sich kommen die Franken ja ganz gut mit ihren Nachbarn aus. Das gilt auch für jenes Grenzland, in dem die Wirtshäuser den Sonntagsbraten – wie es sich gehört – mit Klößen auftischen, genauso gern aber auch mit Spätzle. Wenn es dort zum Streit kommt, es liegt am Geiz der Drübigen. Grundsätzlich. Damit der Schwabe weiß, dass man ihm auf die Finger schaut, hat man schon vor 900 Jahren eine Landmarke gebaut. Sie überwacht jeden, der sich von Öttingen her herüberschleicht.

Die Landmarke erhöht einen Hügel um 27 zusätzliche Meter, der aus der milde gewellten Landschaft westlich des Hahnenkamms herausragt, und ist der letzte Rest einer Burg. Sie war so groß, dass ein ganzes Heer an Gespenstern in ihren Mauern hausen konnte. In ihrem Schutz setzte sich im 12. Jahrhundert ein Dorf fest, dem es nicht vergönnt sein sollte, nennenswert zu wachsen: Hohentrüdingen.

Wie in jedem Dorf war es auch in Hohentrüdingen im Winter üblich,

dass die noch ledigen Damen nach der Vesper zusammenkamen, um bis spät in der Nacht mit ihrem Nähzeug zu arbeiten, vor allem aber, um zu schwatzen. Nach einem dieser Abende wusste man in der Umgebung, welcher Spitzname dem Bergvolk Qualen bereiten würde.

Geräusche aus der Küche ließen die Ratschkattln verstummen. Irgendwer machte sich da drüben zu schaffen. Oder besser: irgendetwas. Sie nahmen all ihren Mut zusammen. Mit dem bewaffnet, was die Stube an Stöcken und Ähnlichem hergab, hieß es: Auf drei! Das rundliche Etwas, das musste es sein. Man drosch auf das Ding ein, bis es mindestens fünf Tode gestorben und mehr ein Brei als ein Kadaver war. Maadla, wenn es nötig ist, dass bei so einem Spuk ein Haufen Töpfe und Möbel zu Bruch geht, dann soll es halt so sein. Eine der Revolvergoschn griff zur Schaufel und warf das ekelhafte Ding auf den Misthaufen. Den krönte am nächsten Morgen ein arg aufgeplatzter Presssack. Ja wie kam jetzt der dorthin?

Leider keine Wurst in Aussicht

Lohnt ein Besuch?

Fährt man auf der Bundesstraße 466 von Gunzenhausen nach Öttingen, die erste Stadt in Schwaben, sieht man ihn immer wieder zur Linken aus der Landschaft hervorstechen: den Bergfried der einst spektakulär großen, 1802 abgetragenen Burg von Hohentrüdingen. Auch wenn das 250 Einwohner kleine Dorf selbst mit Besuchern so gar nichts anzufangen weiß, es lohnt sich, zu ihm aufzusteigen – aber nur mit dem Auto. Denn der Abstecher verlängert die Fahrt durch das milde Bauernland südwestlich des Hahnenkamms, wo die Menschen in typisch schwäbischen Häusern leben, aber zu 100 Prozent und mehr fränkisch ticken. Angenehm!

Was sollte man gesehen haben?

Wer den Abstecher wagen will, braucht ein gutes Navi oder eine exzellente Karte. Ohne diese Hilfsmittel kann es passieren, dass sich Hohentrüdingen wie eine Fata Morgana verhält und genau in dem Moment verschwindet, in dem man die Landmarke vor sich haben müsste. Hier im Grenzland hat die Straßenführung ihre ganz eigene Logik. Sehenswert ist lediglich der **Bergfried**, der 1819 zum Kirchturm umfunktioniert wurde. Seine Aussichtsplattform ist frei zugänglich, der Blick von dort oben spektakulär. Wer bei einem Bummel durch die tagsüber weitgehend ausgestorbenen Straßen glaubt, einen Laden erspäht zu haben, in dem man Presssack kaufen könnte, sei hiermit eines Besseren belehrt. Das Verhältnis der Hohentrüdinger zu Wurstwaren ist nachhaltig gestört. Selbst die Leute aus dem Dorf wissen nicht, ob die Metzgerei Käfferlein real oder nur in Form einer Leuchtreklame existiert. Ein Phantombetrieb? Es gibt keine Öffnungszeiten, keine Informationen, noch nicht einmal eine Telefonnummer. Bei der **Schäferei Schmidt** hingegen, dank deren hungrigen Herden der karge, trockene Hahnenkamm nicht zu sehr verbuscht und verwaldet, könnte man sich ein halbes Tier mitnehmen. Zum Selbstzerlegen (vorbestellen über www.schaeferei-schmidt.jimdo.com).

Kuckuck

Auch das Vieh hat seinen Glauben

Wenn heute das Stichwort Kemmern fällt, überkommt keinen Auswärtigen mehr die Lust, hinter vorgehaltener Hand zu behaupten, dass die gut 2.500 Einwohner einen Vogel haben. So ändern sich die Zeiten. Kemmern hat es sogar geschafft, das Flattertier, mit dem es dereinst übelst gequält wurde, in einen Segen für den Ort und in sein Markenzeichen zu verwandeln. Das jährliche Runsport-Event, der »Kuckuckslauf«, ist ein regionales Massenereignis, das Rauchbier der lokalen Brauerei, der »Kuckuck«, gilt als eines der besten überhaupt.

Damals. Knapp eine Stunde vor Sonnenaufgang. In Kemmern formierte sich ein Pilgerzug, die Uhrzeit, zu der die braven Leute auf ihre Wallfahrt nach Gößweinstein aufbrachen, lässt sich genau bestimmen. Denn zu ihren Gesängen gesellte sich der Morgenruf eines Kuckucks. Den Schlaftrunkenen muss es vorgekommen sein, als wolle er sich ihnen anschließen. Gut 50 Kilometer hatte man vor sich, zwei Tage strammes Marschieren – eine Tortour, man übernachtete im Freien, die Füße schon am ersten Abend wund. Als der fromme Trupp sie endlich sah, die barocken Türme der Basilika von Gößweinstein, war auch er wieder da: der Ruf des Vögeleins. Dass der Kuckuck von zu Hause, aus Kemmern, mitgekommen sei, verkündete verzückt ein Weiblein – so lauthals, dass jetzt zig andere Pilgergruppen wussten, was sie den Daheimgebliebenen unbedingt erzählen mussten. Traditionell hatten die Wallfahrer noch in der Nacht die Basilika von Gößweinstein auf Knien zu umrunden. Aua, das tat diesmal doppelt weh!

Oder waren es evangelische Spitzel, die die Geschichte in die Welt setzten? In Gößweinstein verehrt wird ein Gnadenbild Marias, das die Lutheraner in der Reformationszeit zerstört wissen wollten und das heimlich ins rechtgläubige Franken gerettet wurde. Die Basilika ist die südliche Glaubensfestung der Katholischen. Aus Sicht ihrer Nachbarn: ein Sinnbild unendlicher Dummheit.

Auf eine Brotzeit? Immer!

Lohnt ein Besuch?

Kemmern liegt nur wenige Kilometer nördlich von Bamberg direkt am Main. Das Dorf hat eine eigene Ausfahrt von der Autobahn A73. Das hat den entscheidenden Vorteil, dass jeder, der Franken erkundet, dort irgendwann wie automatisch vorbeikommt. Das Dorf selbst wirkt intakt und ist optisch durchaus angenehm, geizt aber mit wirklich Erlebenswertem. Alle Attraktionen liegen außerhalb. Gleich nördlich, kurz vor den Nachbardörfern Breitengüßbach und Baunach, locken an heißen Sommertagen ein großer Baggersee offiziell und mehrere kleine zum wilden Baden. Westlich des Dorfes erhebt sich mit dem Kreuzberg der erste Höhenzug der waldreichen Hassberge. Kemmerns Umgebung ist ideal, um nach einem Bummel durchs urbane Bamberg für zwei, drei Stunden Natur zu tanken.

Was sollte man gesehen haben?

Unter den Fans traditioneller fränkischer Genusskultur gilt Kemmern als einer jener Pilgerorte, die man in der Biergartensaison mehrmals angesteuert haben muss. Kenner loben den Bierkeller (= Biergarten) der 1788 erstmals urkundlich erwähnten **Brauerei Wagner**, der, wie in Franken üblich, außerhalb des Ortes liegt (ausgeschildert), als einen der schönsten. Sein Herzstück ist ein Stollen, der 1886 hoch über dem Dorf in den Berg getrieben wurde, um dort zum Ende der Brausaison im März bei konstanten acht bis zehn Grad einen Vorrat für den Sommer einzulagern. Er musste bis Oktober reichen. Wie anno dazumal wird das Bier auch heute direkt aus dem Stollen heraus gezapft, dazu gibt es deftige Brotzeiten. Man sitzt an einfachen rustikalen Bänken und weidet sich an einer atemberaubenden Aussicht über das Maintal (März–Okt., Öffnungszeiten witterungsabhängig, www.brauerei-wagner.de). Dem zweiten Biergarten von Kemmern, dem »Leicht's Keller«, fehlt leider das Entscheidende: Selbstgebrautes. 1985 wurde das Sudhaus der namengebenden zweiten Brauerei im Ort außer Betrieb gestellt.

Baggersfresser

Landschaft mit Loch im Bauch

Es heißt, der Franke hätte so viele Leibspeisen, wie die Woche Tage zählt. Mehr als Schäufele, Klöße, roter Presssack, weißer Presssack, Bratwurst und deren saure Variante, die Blauen Zipfel, braucht und will er nicht. Mediziner ahnen es: Das kann nicht die ganze Wahrheit sein! Denn in den Arterien würden sich bei so einem Speiseplan schon im Vorschulalter Fettaugen festsetzen, die sich sputen, die Pumpe vollständig dicht zu bekommen, bevor sich ihr Wirtskörper mehr fürs andere Geschlecht interessiert als für Dribblings mit dem Kloß in die Tellermitte.

Nur selten steht in einem Gasthaus ein Gericht auf der Karte, nach dem man im Norden Bayerns nicht minder verrückt ist. Baggers werden traditionell nicht in der Öffentlichkeit verspeist, denn niemand soll wissen, dass es eine Vorliebe gibt, die der Franke mit der halben Welt teilt. Hauptzutat ist eine Feldfrucht, die sogar in Kirchehrenbach gedeiht, einem landwirtschaftlich stark be-nachteiligten Dorf am Eingang zur Fränkischen Schweiz. Neigte sich der Winter dem Ende zu, waren dort zur Zeit unserer Vorfahren Kartoffeln das Einzige, das man noch im Vorratskeller fand. Kirchehrenbach liegt am Fuß eines Tafelbergs, den die Fachwelt Ehrenbürg, der gemeine Franke Walberla nennt. Auf der Hangseite des Dorfes mögen sich Obstbäume wohlfühlen. Die machen aber niemanden satt. Auf der Talseite? Eine Sünde wäre es gewesen, dem Herrgott für eine reiche Ernte zu danken. Das achte Gebot. Du sollst nicht lügen.

Es ist kein Zufall, dass die Kartoffel zuallererst in Deutschlands Kältekammer angebaut wurde. 1647 verbuddelte ein Bauer aus Pilgramsreuth, einem Dörfchen bei Hof, erstmals ein paar Knollen. Als Ende des 18. Jahrhunderts das Klima Eiszeit spielte, bewahrten sie die Kirchehrenbacher vor dem Hungertod. Restdeutschland kennt Baggers als Reibekuchen, in Restbayern nennt man sie Kartoffelpuffer.

Dazu ein Gläschen Selbstgebrannten

Lohnt ein Besuch?

Weil das Leben die besten Krimis schreibt und sich in Romanen am Ende doch noch alles zum Guten wendet, konnte es gar nicht anders kommen: Seine Lage hat sich für Kirchehrenbach als Glücksfall herausgestellt. Bei den Nürnbergern steht das Walberla auf der Liste der beliebtesten Ausflugsziele ganz oben. Die Einheimischen freuen sich, dass die Wanderer nach ihrem Abstieg vom heiligen Berg der Franken von Hunger und Durst gepeinigt sind. Denn dadurch können auch sie in gleich zwei legendären Wirtshäusern sitzen: Sonne und Sponsel.

Was sollte man gesehen haben?

Der Weg hinauf aufs **Walberla** beginnt am Kirchehrenbacher Gotteshaus **St. Bartholomäus**, einem Kleinod des Fränkischen Barock, das aus Geldmangel deutlich später als geplant fertig wurde. Bis zum Gipfel zieht es sich, er liegt 250 Höhenmeter über dem Ort und wird den Wanderer mit einem weiten Panoramablick für seine Mühe belohnen. Vom Obstanbau, der heute wie damals in den tieferen Lagen betrieben wird, ist nur wenig zu sehen. Angebaut werden Kirschen und Zwetschgen, die Kirchehrenbachs Schnapsbrenner zu Feuerwasser veredeln. Wald beschattet unseren Aufstieg. Auf dem kahlen, weitläufigen Gipfelplateau legten in der Jungsteinzeit Menschen eine Siedlung an. Später trug es eine riesige keltische Festung, die kleine Gipfelkapelle steht auf ihrem Opfer- und Kultplatz. Sie ist der heiligen Walburga geweiht, weshalb sie in der Nacht zum 1. Mai von Hexen auf fliegenden Besen umkreist wird. Wenn sich die bösen Weiber im Morgengrauen schlafen legen, beginnt das **Walbalafest**, das Scharen von Städtern auf den Gipfel lockt. Im Wirtshaus **Zur Sonne** wird seit 1650 klassisch fränkisch gekocht (gegenüber der Kirche, Mi–So ab 11 Uhr), das Gasthaus **Sponsel** hat einen modernen Style, bevorzugt gehobene Küche, serviert auch Baggers und betreibt eine eigene Brennerei (Hauptstraße 45, täglich außer Di ab 10 Uhr).

Halbfeine

Wen juckt schon, wie es wirklich war

Klotzen statt kleckern. Diesem alten Grundgesetz des Städtebaus verdankt Athen die Akropolis, Rom den Petersdom – und ein 20 Kilometer südlich von Würzburg gelegenes Dorf, dass es Ende des 19. Jahrhunderts aus einem langen Dornröschenschlaf erwachen konnte. Kirchheim sitzt auf einem bis zu 13 Meter dicken Schatz. Das wussten die Bewohner schon immer. Aber erst als man 1868 an das Eisenbahnnetz angebunden war, konnte man seinen Muschelkalk auf Deutschlands prestigeträchtigste Baustellen schaffen: die Berliner Museumsinsel, die Münchner Isarbrücken. Später wählte ihn Albert Speer für eine seiner Seifenblasen, das Reichsparteitagsgelände in Nürnberg.

Bis 1868 machte die Lagerstätte vor allem eines: Ärger. Wer im Frühjahr sein Feld bestellen wollte, musste es erst einmal von Steinen befreien. Eine Sisyphusarbeit, denn es war wie verhext, die Brocken vermehrten sich wie die Karnickel. Bei jedem Pflügen grub sich eine neue Generation ans Tageslicht. Was zwischen den Steinen wuchs, vermochte Schafe satt zu machen. Mehr aber nicht.

Bis heute wird erzählt, ein Wanderschäfer hätte die Kirchheimer 1829 vollends ins Elend gestürzt. Beziehungsweise sein Widder. Als der ihre Marinoschafe erblickte, eine teure, wegen ihrer feinen Wolle hochbegehrte Rasse, gingen seine Hormone mit ihm durch. In 60 Damen soll er sein Genmaterial injiziert haben. Weil das Haar der Nachkommen nur noch der Qualitätsstufe »Halbfein« entsprach, hatten die Kirchheimer ihren Spitznamen weg.

Ein nachgerade klassischer Fall von Fake News! Dies verrät ein Blick in das »Neue Wochenblatt« von 1829, die Zeitung des Landwirtschaftlichen Vereins von Bayern. Dort wird berichtet, Kirchheims Bürgermeister habe derzeit »60 Stück veredelter Rasse aus der zweiten Generation« auf seinen Weiden stehen. Halbfeine: ja! Aber in diese Qualitätsstufe aufgestiegen, weil ihm der Herzog von Dahlberg einen Meriono-Widder ausgeliehen hatte.

Keine Lust auf die eigene Geschichte

Lohnt ein Besuch?

Die kleine Berufsgruppe der Architekten sollte es nicht versäumen, sich von den Kirchheimer Steinbruchunternehmen erklären zu lassen, warum ihr Muschelkalk der bessere ist, denn sie werden dort mit Sicherheit verwöhnt und gehätschelt und können den Tag bestimmt als Fortbildungsfahrt verbuchen. Für alle anderen folgende Information: Kirchheim wollte nie einen Schönheitswettbewerb gewinnen, hat keine touristischen Ambitionen und macht kein Geheimnis daraus, dass seine Straßen durch den vielen Steinbruchverkehr verdreckter sind als in anderen Dörfern.

Was sollte man gesehen haben?

Wer sich der selbst gewählten Unscheinbarkeit vergewissern will, mit der die Kirchheimer ganz offensichtlich zufrieden, ja glücklich sind, wird sich trotz aller Vorwarnungen darüber wundern, wie wenig 1.500 Jahre Ortsgeschichte zu hinterlassen in der Lage sind. Gab es da vielleicht eine Zeit, in der es den Einwohnern wichtig war, dass alles, was sie an die mageren Jahrhunderte erinnerte, aus ihrem Blickfeld verschwand? Schafe sucht man vergeblich. Der jährliche Wollmarkt, zu dem die Ankäufer aus nah und fern anreisten, ist längst Geschichte. Für die Halbfeine boten sie nur etwas mehr als die Hälfte dessen, was sie für reine Merionowolle bezahlt hätten. Weil sogar das »Württembergische Jahrbuch« veröffentlichte, bei welchem Betrag die Bauern und die Händler eingeschlagen haben, muss der Wollmarkt groß und bedeutend gewesen sein. War er nicht. Die dort abgedruckten Preise stammen aus einem anderen Kirchheim, dem im Schwäbischen. Wer die mit Kirchheimer Muschelkalk errichteten Bauten des Nürnberger Reichsparteitagsgeländes besichtigen will, sollte Zeit mitbringen. Sie sind Teil eines riesigen, nie fertiggestellten Aufmarschgeländes, von dessen zentralem Feld aus 320.000 Menschen ihrem Führer zujubeln konnten (Dokumentationszentrum Mo–Fr 9–18 Uhr, Sa, So 10–18 Uhr).

37 | Kronach

Seit 400 Jahren zum Aus-der-Haut-Fahren

Wie überall auf dem Land motzen auch im 17.000 Seelen starken Kronach viele Jungmänner ihr Auto mit Spoilern, Breitreifen und geil krassen Auspuffsounds auf. Allerdings, um eine fast 400 Jahre alte Tradition mit viel PS fortzusetzen. Wenn in der verhassten Nachbarstadt Ende Juli Volksfest ist, cruisen sie dort mit ihrem KC. Wie jeder weiß, ist das Kronacher Autokennzeichen eine Abkürzung für Kein Coburger. Zu einer echten Schlägerei kommt es selten. Denn es ist schwer geworden, einen Parkplatz zu finden.

Vor fast 400 Jahren hatte der Coburger Herzog Casimir seiner Meinung nach schon zu lange dabei zugesehen, wie die katholischen Kronacher Dörfer plünderten, die auf seinem evangelischen Territorium lagen. Dass er bei ihnen dasselbe tat, steht auf einem anderen Blatt. Er übermittelte dem schwedischen König Gustav Adolph, der eben Bamberg erobert hatte, ein Angebot. Sollte es als Nächstes gegen Kronach gehen, wäre er mit reichlich Soldaten und

schwerem Kriegsgerät dabei. Am 17. Mai 1632 scheiterte der Versuch, den letzten katholischen Stachel aus dem evangelischen Fleisch zu ziehen. Wie üblich wurde der Feind nun belagert. In der Nacht des 7. Juni schlichen sich eine Handvoll Kronacher über die Stadtmauer zu den Kanonen, die die Coburger mitgebracht hatten. Sie hämmerten Nägel in die Zündlöcher. Jetzt waren die Geschosse unbrauchbar – aber auch die Belagerer wach und zwei der Mutigen gefangen genommen. Den beiden wurde die Haut vom Fleisch abgezogen. Vor den Augen ihrer Mitbürger. Bei lebendigem Leib. Ihre schlaffe Hülle in der Hand, flankieren sie seit 1651 das Kronacher Stadtwappen.

Zu ihrer Zeit brachen die Väter der cruisenden Kronacher im Festzelt eine Massenkeilerei vom Zaun. Damit die Feindschaft nicht abebbte. Bei ihnen hießen die Coburger noch Speckbayern. Weil sich die Herzogsstadt 1919 ihren Beitritt zu Bayern teuer hatte bezahlen lassen.

Das bleibt auf ewig unvergessen

Lohnt ein Besuch?

Das pure Entzücken. Auf drei Stockwerken. Das ist Kronach, die mit reichlich Patina überzogene Mittelalter-Perle am Fuß des Frankenwalds. Seit dem Dreißigjährigen Krieg, in dem die nördliche Bastion des Bistums Bamberg alle drei Angriffswellen abwehren konnte, hat sich in den Gassen der Altstadt nicht mehr viel getan. Allein für die oberste Etage, die mächtige Festung Rosenberg, rentiert sich ein ganzer Ausflugstag. Eine Ebene tiefer, in der engen Oberstadt, hat man den gehäuteten Helden von 1632 ein Denkmal gesetzt, das keinen Zweifel lässt: Diese Stadt wird den Coburgern nie verzeihen. Die weitläufigere Unterstadt: Fachwerk mit Flussromantik, lebensecht und zum Glück nicht durchsaniert.

Was sollte man gesehen haben?

Um die Erinnerung an den Dreißigjährigen Krieg wachzuhalten, pflegen die Kronacher ein breites Repertoire an Ritualen und Traditionen. Weil sie, indem sie ihr letztes lebendes Tier, eine Häsin, auf der Stadtmauer herumhoppeln ließen, bei einer Belagerung volle Vorratskeller vorgaukelten, haben sie sich den Spitznamen Housnküh verliehen. Mit einer **Prozession**, die seit 1633 jedes Jahr am Sonntag nach Fronleichnam aus der gotischen Kirche St. Johannes der Täufer **durch die Oberstadt zur Festung Rosenberg** hinaufführt, an deren Bergfried noch Einschläge der Kanonenkugeln zu erkennen sind, danken sie Gott für seinen Beistand. Aufgrund ihres Heldenmuts ist es seit 1634 üblich, dass die Kronacher Frauen den Zug anführen. Kurz vor der Rückkehr in die Kirche St. Johannes der Täufer stoppt die Prozession ein letztes Mal vor der **Ehrensäule**, die seit 1654 auf dem Marktplatz der Stadt in dramatischer Direktheit zeigt, was die Evangelischen ihren Gefangenen anzutun bereit waren. Dass die Folterknechte Schweden waren, hören die Kronacher nicht gern. Die verhassten Coburger hatten sie bereits bei der ersten Angriffswelle vollständig aufgerieben.

Kirchnrücker

Wehe dem, der in die falsche Richtung betet

»Alte Sünde macht oft neue Schande.« Dieses Sprichwort nimmt man besser nicht in den Mund, wenn sich am Wirtshaustisch herausstellt, dass man mit Bewohnern des Marktes Küps zusammensitzt. Denn in dem 1.000 Jahre alten Ort, der auf bessere Zeiten wartet, hat sich noch nicht herumgesprochen, dass man eine verbale Provokation auch mit der Waffe der Selbstironie parieren kann.

Die alte Sünde, die es dem Pfarrer über Generationen leicht gemacht hat, dass in seiner Herde die Angst von den Qualen der Hölle grassierte, war Pfusch am Kirchenbau. Das Gotteshaus war nicht korrekt ausgerichtet, Schiff und Altar zeigten nicht in Richtung Heiliges Land. Sondern nach Italien. Ojemine, wenn das der Herrgott sieht! Noch schmerzhafter würde seine Strafe sein als die Striemen, wegen derer sich die frechen unten den Küpser Buben nicht immer hinsetzen konnten. Und der Herrgott sieht alles. Praktisch veranlagt, wie die Küpser waren und sind, beschlossen sie, ihr Gotteshaus

zu verrücken. Wenn sie mit Köpfchen vorgingen, konnte das doch nicht allzu schwierig sein. Sie breiteten dort, wo der Chor seine neue Position finden sollte, einen Mantel aus. Dadurch wussten sie genau, wie weit sie das Gemäuer drehen mussten. Ihr zweiter Trick: getrocknete Erbsen ausstreuen – die Kirche auf Rollen setzen. Das ganze Dorf kam hinter der westlichen Kirchenmauer zusammen, und, hau ruck, los ging's. Deshalb blieb unbemerkt, dass sich auf der anderen Seite ein Vagabund über einen schönen Mantel freute. Der kam wie gerufen, würde ihn den Winter über wärmen.

Alles reine Phantasie, jedermann könne jederzeit überprüfen, dass St. Jakobi nach Jerusalem zeigt, werden an dieser Stelle Küpser Kirchgänger einwenden. Leider, es ist eine wahre Geschichte. Die Küpser schickten damals einen, um nachzusehen, wie viele Meter sie schon geschafft hatten. »Halt!«, rief er. »Nicht mehr weiter. Sie steht schon ganz auf dem Mantel drauf.«

Fachwerk mit Trauerflor

Lohnt ein Besuch?

Wie in der nahen Kreisstadt Kronach sind auch im gut 7.700 Einwohner zählenden, für diese stattliche Größe aber sehr verschlafenen Küps die Coburger gar nicht beliebt. Denn dass der Marktfleck trotz seiner 1.000-jährigen Geschichte nur wenig Flair verströmt, verdankt er einem Offizier der Wehrmacht, der sich Anfang April 1945 in Coburg abgesetzt hatte. Er spielte sich als Kommandant auf und verhinderte die kampflose Übergabe von Küps, weshalb die US Army den Ort fünf Stunden lang unter Artilleriefeuer nahm. Das Ensemble um die alte Pfarrkirche St. Jakobi, an dem die Katastrophe weitgehend vorbeiging, lässt erahnen, dass damals etwas Schönes in Flammen aufgegangen ist. Für immer.

Was sollte man gesehen haben?

Die **Pfarrkirche St. Jakobi**, die, wie bei christlichen Gotteshäusern üblich, nach Osten ausgerichtet ist, liegt im alten Ortskern von Küps. Er wurde auf Wunsch der Obrigkeit auf einer Anhöhe über dem Flüsschen Rodach angelegt, um von dort den Handelsweg aus dem Frankenwald nach Bamberg zu sichern. Ihr gotisches Erscheinungsbild und ihre von Zerstörung und Neuaufbau geprägte Geschichte liefern leider keinen Hinweis, dass sie jemals nach Süden zeigte. Die alten Fachwerkhäuser am Kirch- bzw. Marktplatz tragen Trauerflor. Wie es sich in der Region gehört, sind sie meist ab dem ersten Stock mit schwarzen Schieferschindeln verkleidet. Das drückt in der dunklen Jahreszeit schnell auf die Stimmung. Wer sich für **Landsitze kleiner Adelshäuser** interessiert, wird in Küps und seinen Ortsteilen acht Mal fündig. Rekord! Die Schlösser gehen auf das lokale Geschlecht der von Redwitz zurück, befinden sich zumeist in Privatbesitz und werden bewohnt. Man muss sich deshalb mit einem Blick von außen begnügen. Ausnahme: das nicht wirklich sehenswerte **Wasserschloss Tüschnitz**, das der Zahn der Zeit bis auf die Grundmauern abgenagt hat (im Ortsteil Tüschnitz).

Schafbraunen

Viele Hirten verderben den Ruf

Wenn die Natur ihre Schätze versteckt, deckt sie sie gern mit einer Landschaft ab, von der sich unsere Urahnen mit Sicherheit nicht eingeladen fühlten – einem Hungertuch. Arabiens Öl verbarg sie unter uferlosen Weiten aus Wüstensand, Bad Reichenhaller Salz unter dem Massiv der Berge. Und der südlichste Zipfel von Franken? Müsste man für die Landwirtschaft, die auf der kratzbürstigen Jura-Alp möglich ist, einen Grad an Behinderung ansetzen, läge er bei um die 70 Prozent. Im Dreieck von Langenaltheim, Mörnsheim und dem weltbekannten Solnhofen lagert mit Fossilien gespickter Stein von einer derart phänomenalen Qualität, dass man im 2.000 Kilometer entfernten Istanbul darauf bestand, den Boden des prächtigsten Gotteshauses mit ihm auszulegen, der Hagia Sophia.

Bis man sich im 19. Jahrhundert daranmachte, den Plattenkalk im großen Stil zu vermarkten, war dort die hohe Kunst gefragt, sich und die Seinen mit Viehzeug durchzubringen, das eine Nummer kleiner ausfällt.

Die vielen Taleinschnitte, Felsen und Hänge. Schafe kommen damit klar. Mit dem jährlichen Altmühltaler Lammauftrieb hält das hübsche Mörnsheim die Erinnerung an jenes Nutztier wach, das die Region lange geprägt hat.

Den Langenaltheimern hingegen scheint die alte Zeit peinlich zu sein. Vielleicht, weil man sie zu oft mit einem Spitznamen gepiesackt hat, zu dem jeder eine andere Geschichte wusste. Als ein Wanderschäfer eines seiner Tiere als gestohlen meldete, fand es die Gendarmerie wo? Immer sollen sie Socken aus naturbrauner Schafwolle getragen haben. Obwohl die ja fürchterlich kratzen! Die Töchter eines Schäfers, alle rothaarig, schafbraun also, sollen auf den Tanzfesten derart auf den Putz gehauen haben. Gehört sich nicht! Und einmal brachten die Langenaltheimer an einem Markttag Farbe ins Spiel. Weil sich braune Schafe teurer verkaufen ließen. Dumm nur, dass es die Tiere vor aller Augen wieder weiß regnete.

Hier will man jeden Stein umdrehen

Lohnt ein Besuch?

Langenaltheim blieb unbeachtet, als sich die Gemeinschaft der Ausflügler einst daranmachte, eine Liste lohnenswerter Orte aufzustellen. Dieser Entscheidung will hier nicht widersprochen werden. Abgesehen von einem Dorfladen, in dem man sich mit Proviant versorgen kann, einem der letzten seiner Art (Obere Hauptstraße 19, Mo–Fr 7.30–19 Uhr, Sa bis 12 Uhr), will das rechtschaffen große Dorf so gar nichts bieten. Hingegen locken Mörnsheim und Solnhofen mit so vielen Erlesenheiten, dass ein einziger Ausflugstag dann doch zu wenig ist.

Was sollte man gesehen haben?

Mörnsheim besucht man am besten am dritten Maiwochenende, wenn dort ein großes Fest den **Altmühltaler Lammauftrieb** begleitet, den Zug der Schafe aus ihren Winterquartieren auf die Sommerweiden. Dann steht der in ein tiefes Tal eingepasste Marktfleck ganz im Zeichen der lebendigen Wollknäuel und der kunsthandwerklichen und kulinarischen Erzeugnisse ihrer Züchter. Den großen Schatz der Region, den mit Fossilien gespickten **Plattenkalk**, kann man sich ganz nach Gusto auf theoretischem oder praktischem Weg einverleiben. Erster führt nach Solnhofen, wo das **Bürgermeister Müller Museum** (Bahnhofstraße 8, April bis Ende Okt. täglich 9–17 Uhr, im Winter So 13–16 Uhr) anhand von Versteinerungen, die in der Umgebung geborgen wurden, die Uhr um 150 Millionen Jahre zurückdreht. Der ganze Stolz der üppigen Schausammlung sind zwei **Originale des Archaeopteryx**, des Urahns der heutigen Vögel. Wer in die Fußstapfen des Paläontologen Hermann von Meyer treten will, der 1861 das erste Exemplar entdeckte, das freilich nur aus einer einzelnen Feder bestand, der packe sich solide Arbeitskleidung ein. Im **Fossilien Steinbruch Mühlheim** (Ortsteil von Mörnsheim, Ende März–Anfang Nov. täglich 10–16 Uhr) kann jeder seinen Sensationsfund machen, das benötigte Werkzeug wird gestellt.

Bimberla

Wohl nicht wahr heißt nicht: erfunden

Was die Kommunikation mit sich selbst und der Welt betrifft, kennzeichnet den Mittelfranken eine Melange aus absoluter Talentlosigkeit und maximaler Hochbegabung. Das Ungleichgewicht ist so speziell, dass Ethnologen dazu raten, ihn sich als eine Unterart der Spezies Mensch zu denken. Man forscht noch, wann sie sich aus dem Hauptstrang der Evolution ausgeklinkt hat. Obwohl er zu den Wirtshausbewohnern zählt, liegt ihm das Fluchen nicht. Im Gegensatz zu den Oberbayern, die sich ihre beißenden Gstanzeln so lange um die Ohren hauen, bis einer seine Faust ausfährt. Zu erzählen weiß der Mittelfranke auch nichts, Geschichten sind ihm zu langatmig. Aber maulen kann er, was das Zeug hält, über Stunden reiht er Belege für die Dummheit anderer aneinander. Ob ihm jemand zuhört, ist ihm letztlich egal. Hauptsache, er hat ein Seidla, an dem er sich festhalten kann.

Weil er auch keine Texte abfassen mag, kann weder jemand mit Sicherheit sagen, ob es die bekannteste Persönlichkeit von Lauf wirklich gegeben hat, noch, wie sie geschrieben wird. Neben Bimberla, Bimbela und Bimbala sind beziehungsweise waren unter anderem auch Bimbl und Pimpela in Umlauf. Lebensdaten, Mann oder Frau: unbekannt. Das Bild, das man sich heute vom größten Hanswurst aller Zeiten macht, geht auf ein Lied zurück, das der Laufer Bürgermeister Hans Schmidt um die 1930er herum gedichtet hat. Bei ihm ist der Bimberla ein Häfner (Töpfer). Ältere Bilder zeigen ihn als Schuster. Klar ist lediglich: »... wenns heit wou recht drekke is und schlambet hibsch obndraff, nou haßt's: Ba dennan sichts grod aus wöi sunst ban Bimbela z'Laff.«

In der Vorstellungswelt der Nürnberger kann ein Bimberla nur ein Bewohner ihrer kleinen Konkurrenz sein, die ihnen bei einem Spezialgewerbe, der Metallverarbeitung, in der vorindustriellen Zeit überlegen war – »a Saustoll woars ganz Haus!« Aber eigentlich karikierte das dumme Schlamperle sie selbst.

Ein Kraftort vormoderner Zeiten

Lohnt ein Besuch?

Obwohl die Figur des Bimberla die Laufer seit mindestens 200 Jahren auf Schritt und Tritt begleitet, haben sie sich nicht dazu aufraffen können, ihr im öffentlichen Raum die Ehre zu erweisen. Kein Denkmal oder Brünnlein, auch kein speziell geformtes Gebäck, das sich ein Bäcker hätte einfallen lassen können, erinnert an den größten Sohn der Stadt. Schade. Aber dank des lang gezogenen, vom mittelalterlichen Rathaus in zwei ungleiche Hälften geteilten Marktplatzes und eines nicht zu weitläufigen Labyrinths enger Altstadtgassen ist uns Nürnbergs kleine Schwester eine Stippvisite wert.

Was sollte man gesehen haben?

Die älteste Erwähnung des Schlampers und Hallodris aus Lauf stammt von Benedict Wilhelm Zahn, einem Verwaltungsbeamten, der um 1800 »Nürnberger Sprichwörter und deren Erklärung« für ein Buch zusammengetragen hat, das nie gedruckt wurde. Es blieb als Manuskript erhalten. Der Satz »Da geht es zu wie bei dem Pimpela zu Laff« war demnach schon damals in aller Munde. Wenn wir uns bei einem Spaziergang durch Lauf dem Gefälle der Altstadt anvertrauen, kommen wir dem Rätsel auf den Grund. Lauf wird an seinem tiefsten Punkt von der Pegnitz durchschnitten, die hier eine sogenannte Laufe bildet, einen Mäander mit einer für Wasserräder optimalen Fließgeschwindigkeit, dessen Pegel das ganze Jahr über kaum schwankt. Daher der Name der Stadt! Dank der Laufe war es möglich, bereits im 16. Jahrhundert Fabriken zu bauen, in denen zum Beispiel im großen Stil Draht gezogen wurde. Die Nürnberger wollten und konnten nicht verstehen, dass sie nicht auch in diesem Gewerbe führend waren. Die Figur des Bimberla wurde zum Ventil für ihren Neid. In Sachen Konkurrenz, Missgunst und Bimberla beflügelt das am Ufer der Laufe gelegene **Industriemuseum** die Phantasie, obwohl es sich auf die Zeit nach 1890 konzentriert (Sichartstraße 5–25, Mi–So 11–17 Uhr).

Tümpelschöpfer

Wie man sich selbst eine Grube gräbt

Schatzsucher, ihr müsst euch nicht mehr mit dem Bernsteinzimmer plagen, kommt nach Lichtenfels. Dort weiß man, wo ein Schatz nur darauf wartet, von euch gehoben zu werden. Im Mühlbach, einem Seitenfluss des Mains, der kraftvoll an der Altstadt vorbeizieht. Genauer: auf Höhe der Brücke über die Coburger Straße. Was dort versenkt wurde? Heimatforscher Nummer eins: 1813 zogen Soldaten Napoleons durch Lichtenfels und entledigten sich ihrer Kriegskasse. Der zweite: Die Lichtenfelser selbst warfen 1553 alles Wertvolle ins Nass. Ein dritter schwört: Das geschah 1632, als der Dreißigjährige Krieg im Maintal wütete. Dass man, sobald sich die Gefahr verzogen hatte, das Gold und Silber zurück ins Trockene bringen wollte, darin hingegen sind sie sich alle einig. Auch, dass man dazu alles anschleppte, was einem Eimer auch nur ähnelte. Aber es wollte einfach nicht gelingen, den Mühlbach bis auf den Grund leer zu schöpfen. Warum auch immer, sofort lief alles Wasser wieder nach.

Ortsspottnamen werden immer von den Nachbarn kreiert. Aus Missgunst. Aus Neid. Zur Genugtuung. Und dafür hatten die gebrandschatzten Dörfer und Städtchen des Maintals allen Grund. Wohin auch immer die Schweden 1632 marschierten, Horrorgeschichten über ihre Grausamkeit trafen lange vor ihnen ein. Die Lichtenfelser entschieden, sich eine Vorzugsbehandlung zu erkaufen. Sie verrieten den Fluchtweg von Kaspar Förkel, dem Abt des Klosters Banz. So konnten die Schweden den Herrn über große Kirchenschätze als Geisel nehmen. Wo? Auf der damals einzigen Mainbrücke, die am Mühlbach begann.

Nebenbei: In Banz selbst durchwühlten die Mannen Gustav Adolfs sogar alle Gräber. Auf der Suche nach versteckten Wertsachen. Das mit dem Mühlbach war also gar nicht so dumm. Zumal wir davon ausgehen können, dass die von Hochwassern bedrohten Lichtenfelser natürlich wussten, wie man ein Fließgewässer zähmen kann.

Daran vorbei führt der Weg in Paradies

Lohnt ein Besuch?

Ein Besuch bei den Dümpelschöpfern, wie der Spitzname im Dialekt lautet, ist immer eine Herausforderung, man sollte sich etwas zu lesen, Strickzeug oder eine andere Beschäftigung mitnehmen, denn das Städtchen hat sich zwar sehr wohl Gedanken gemacht, wie man die Langeweile, die es ausstrahlt, bekämpfen könnte – aber keine Lösung gefunden. Die zündende Idee war der weltgrößte Weidenflechtkorb, ein mit Blumen bepflanztes Trumm, das unmotiviert am schnuckeligen Marktplatz herumsteht und auf Ausflügler wartet, die sich mit ihm fotografieren wollen. Er wirbt für ein jährliches Großereignis, den Korbmarkt, ein buntes Festival für alle, die die vom Aussterben bedrohte Kunst des Flechtens pflegen und lieben (Ende September). Auch der Himmel über der winzigen Fußgängerzone ist mit Weidenkörben voll gehängt. Man beruft sich dabei auf eine Tradition, die eigentlich den umliegenden Orten gehört, dort verdienten sich ab 1750 zigtausend armer Schlucker ein paar Groschen dazu, die Lichtenfelser selbst kaufen die Korbwaren nur auf, um sie im großen Stil in alle Welt auszuliefern. Selbst Flechtwaren produziert haben sie im Grunde nie.

Was sollte man gesehen haben?

Lichtenfels markiert das nördliche Ende des Gottesgartens, eines zu beiden Seiten von Wunderbauten des Barock und gnädig einfach zu erklimmenden Aussichtsbergen beschützten Schwemmtals des Mains. Dem Städtchen am nächsten liegt das **Kloster Vierzehnheiligen**, heute wie damals Ziel frommer Wallfahrten, der hinter der 1772 vollendeten Basilika versteckte **Brauereigasthof Trunk** (täglich 10–20 Uhr) soll schon so manchen Lutheraner zum Mitpilgern veranlasst haben. Von der anderen Talseite gegenüber grüßt das um 1070 gegründete, mächtige **Kloster Banz**. Dort können sich kleine und große Abenteurer in einem **Hochseilgarten** in die Kronen alter Bäume aufmachen (www.waldklettergarten-banz.de).

Wurstzipfel

Der Geschmack des verflossenen Reichtums

Sich aufzuregen ist den Franken zu anstrengend. Auch wenn sie sich unversöhnlich gegenübersitzen, verharren sie deshalb in stoischer Gleichmütigkeit, ihr Allerheiligstes fest umgreifend. Etwa 20 Kilometer östlich vom Bamberg verläuft eine Grenze, die den Norden Bayerns in zwei Lager spaltet. Das ohne Zweifel größere bestellt sich im Wirtshaus ein Seidla, trägt durch häufiges Nachschenken dazu bei, dass die höchste Brauereidichte der Welt erhalten bleibt, und schwelgt in jenen besseren Zeiten, in denen auch die Schoppenfetzer Gerstensaft bevorzugten.

Mitte des 19. Jahrhunderts. Bierfranken bläht sich auf wie ein Luftballon. Selbst an der Volkacher Mainschleife, an der 1.200 Jahre lang Trauben zu flüssigem Gold veredelt wurden, kochen durstige Tüftler jetzt mit Wasser, Malz und Hefe. Unabsichtlich hatte das ferne München die Infrastruktur des fränkischen Weinbaus zerstört, als es 1802/03 mit der Säkularisation die Klöster auflöste. Weil man an der Isar obendrein die Gewächse der Pfalz bevorzugte, brach in den darauffolgenden Jahrzehnten die Nachfrage ein. Dann ein paar kalte Sommer und Mehltau-Epidemien. Auch in Lindach, einem Dorf hoch über dem Main, verschwanden die Rebstöcke, zog das neue Getränk ein. Und mit ihm eine nie da gewesene Armut.

Kartoffeln, heißt es, waren über Jahre das Einzige, was es dort zu ernten gab. Sie kamen mittags wie abends auf den Tisch. Ein Würstlein konnte man sich gerade noch leisten. Für die ganze Familie – für Vater, Mutter, die Großeltern und seine um die acht Kinder. An eines seiner Zipfelchen wurde ein Faden gebunden. Erst dann durfte es sich einer von ihnen in den Mund schieben. Mhm! Aber bevor er zubeißen konnte, zog es ihm der nächste vom Gaumen. So ging das reihum. Bis die Natur endlich so weit war und die Zwetschgen- und Quittenplantagen, die den Lindachern ihren Wohlstand zurückbringen sollten, zum ersten Mal eine Ernte abwarfen.

Deinen Segen gib uns heute

Lohnt ein Besuch?

Eine der ganz großen fränkischen Lebensweisheiten besagt: Wer die Schätze der Großlage Volkacher Mainschleife in vollen Zügen genießen will, braucht einen Abstinenzler im Freundeskreis. Denn weil der Weinbau in den Fünfzigern zurückgekehrt ist, muss die Gefahr gebannt werden, dass man die Heimreise ohne Führerschein anzutreten hat. Sich ziellos von einem Weinberg ins nächste Dorf und dort zu einem Winzer treiben zu lassen und dabei auch in Lindach Station zu machen, ist ein grandioses Erlebnis. Die Landschaft ist von einem stetigen Auf und Ab geprägt und weitgehend von Bäumen befreit, schattige Plätzchen sind selten. Lindach liegt hoch oben auf einem Plateau. Das Auto ist dem Fahrrad deshalb klar vorzuziehen.

Was sollte man gesehen haben?

Um zuallererst einer großen Enttäuschung vorzubeugen: Lindach zählt zu den wenigen Orten im Umfeld der Mainschleife, die sich dagegen entschieden haben, im großen Stil zum Frankenwein zurückzukehren. Man besucht das schmucke, in die Fläche gezogene, von großen, mehrheitlich aufgegebenen Höfen geprägte Dorf, das 1978 nach Kolitzheim eingemeindet wurde, damit der Alkoholpegel auf ein Niveau zurückfallen kann, auf dem es wieder sinnvoll ist, hernach noch einmal einen Winzerhof anzusteuern. Hauptattraktion sind die **weiten Ausblicke**, die sich immer wieder öffnen, während sich das Auto ins Hinterland des Mains hinaufquält. Entzückend ist der Hang der gerade einmal 550 Einwohner, ihre Häuser mit Bildnissen dessen zu schmücken, was sie verehren. Marienstatuen, Jesus-Gemälde, Heilige Dreifaltigkeiten und ein Miniaturnachbau jenes Schlosses, in dem der geliebte bayerische Kini Ludwig II. 1886 entmachtet wurde, Neuschwanstein, spenden jedem ihren Segen, der an ihnen vorbeispaziert. Wer die Gelegenheit nutzen und sich mit erntefrischem Obst und Gemüse eindecken will: Es gibt mehrere **Hofläden**, sie sind ausgeschildert.

Fränkische Toskana

Alles nur geklaut

Die Nordbayern gelten nicht nur als maulfaul. Sie sind es auch. Mehrere Worte zu einem Satz zu kombinieren, halten sie für Luxus. Den spart man sich für besondere Anlässe auf. Zum Beispiel, wenn man doch mal ordentlich begeistert ist. In diesem Fall überkommt den Franken folgender maximal möglicher sprachlicher Gefühlsausbruch: Bassd scho.

Das distanzierte Verhältnis zum Wort erklärt, warum Frankens Heimatdichter zum ganz groben Pinsel greifen, wenn sie mit der Sprache Bilder zeichnen. Da wird das Walberla, die gemütliche Kuppe bei Forchheim, schon mal zum fränkischen Pendant des Fujiyama erklärt, des mit 3.776 Metern höchsten Bergs von Japan.

Die Gemeinden Litzendorf, Memmelsdorf und Strullendorf haben sich 2005 einen solchen dichterischen Ausrutscher zu eigen gemacht, um damit Touristen anzulocken. Unterlaufen ist er Gerhard C. Krischker bei einer Wanderung. Sie führte ihn durch das Ellertal, das sich von seinem geliebten Bamberg über Litzendorf in die Fränkische Schweiz hinaufzieht. Hölzlein, Reh, Hönig. Das Ellertal ist mit Brauereien gesegnet. An heißen Tagen steigen ihre Märzen schnell zu Kopf. Daher können sie schon mal eine Wirkung erzielen, als habe der Dichter ein paar Seidla Rotwein gekippt. Krischker muss wohl in diesem Zustand gewesen sein, denn er sah auf Gersten- und Maisfeldern Feigen und Trauben reifen.

Böse Zungen haben seither ihren Spaß, sich von Krischkers Wortschöpfung Fränkische Toskana einen Reim auf die Toskana-Fraktion der 1990er zu machen: Speckgürtel für wohlstandssatte Hedonisten. Aber auch das ist für Litzendorf immer noch ein Gewinn. Denn bis Krischker kam, wurde man als Kehringsklauer – Kirchendiebe – beschimpft. Der ganze Stolz des Ortes ist St. Wenzeslaus, ein Barockwunder, und man habe die Steine der Kirche, heißt es, einst im Nachbarort, in Pödeldorf, stibitzt.

Barock ist hier die Vorstufe zum Bier

Lohnt ein Besuch?

Das künstliche Gebilde Fränkische Toskana fasst das Vorland der Fränkischen Schweiz im Osten von Bamberg zusammen. Weder ist dort das Klima mediterran, noch gibt es eine ausgeprägte Pasta-Kultur, auch trifft sich am Abend nicht das ganze Dorf auf der Piazza. Im Gegenteil. Fränkischer als hier kann Franken nicht sein. Litzendorf, das Zentrum einer 1978 gebildeten gleichnamigen Gemeinde, ist das Tor zum anfangs unübersichtlich breiten, sich stets verengenden Tal des Flüsschens Eller. Dieses endet abrupt vor einer Steilwand. Sie zu überwinden war für die Postkutscher einst eine gleichermaßen extreme wie tagtägliche Herausforderung. Aber die zweite historische Straße nach Bayreuth, die durch Memmelsdorf und damit durch den nördlichen Teil der Fränkischen Toskana führte, bot keine wirkliche Alternative. Sie läuft ebenfalls direkt auf einen Bergriegel zu, die als Motorrad-Todesstrecke berüchtigte Würgauer Wand.

Was sollte man gesehen haben?

Die Würgauer Wand und die Serpentinen der Ellertal-Straße ziehen an den Wochenenden Scharen von Motorradfahrern an; wem das zu viel ist, der sollte sich unter der Woche, dann aber erst am Nachmittag, zunächst nach Litzendorf aufmachen. Über dem Ort thront ein Muss, die aus gelbem Sandstein gefügte **Barockkirche St. Wenzeslaus**. Ihr Architekt Johann Dientzenhofer, der 1715 den Auftrag erhielt, den in die Jahre gekommenen Vorgängerbau zu ersetzen, stammt aus einer der bedeutendsten Baumeister-Familien Europas. Auf der Hinterseite der Kirche sind unzählige Namen, Jahreszahlen und Steinmetzzeichen ins Mauerwerk eingeritzt. Anschließend begleiten uns zwei Brauereigasthöfe auf unserem Weg zur Ellertal-Steilwand. Lecker! Wir starten am Nachmittag, weil beide wochentags erst um 15 Uhr öffnen (erst **Hölzlein** in Lohndorf, www.brauerei-hoelzlein.de, dann **Hönig/Gasthof Zur Post** in Tiefenellern, www.brauerei-hoenig.de).

Brockenfresser

Der Fünf-Kilo-Laib des Herrn

»Schäme dich, du Erzbube!«, schimpfte Thomas Müntzer, bevor er seinen Kampf gegen Papst, Klerus und Obrigkeit mit dem Leben bezahlte – gemeinsam mit über 70.000 armen Schluckern. Über seinen einstigen Weggefährten Martin Luther. Der noch immer »über die Ordnung des Gottesdiensts in der Gemeinde« sinnierte, als sich 1524/25 die lokalen Aufstände süddeutscher Bauern zu einem Krieg gegen ihre Blutsauger ausweiteten. Auch in der nördlichsten Stadt in Franken waren sich die kleinen Leute sicher, dass sich der Herrgott auf ihre Seite schlagen würde.

Als der Spuk kein Jahr später vorbei war, rächte sich ihr Grundherr. 1521 hatte Friedrich von Thüna die Ehre gehabt, seinem guten Freund Dr. Luther auf dem Reichstag zu Worms Beistand zu leisten. Noch bevor er seinem Ludwigsstadt die evangelische Konfession verordnete, entzog er ihm das Marktrecht und degradierte es zum Dorf. Auf dass die bösen Untertanen nicht mehr wussten, wovon sie leben sollten.

Hätten die Ludwigsstädter nur auf ihre Nachbarn gehört, die sich aus allem herausgehalten und katholisch geblieben waren. Die Altgläubigen haben es ihnen doch dauernd um die Ohren gehauen: a) dass Luthers Kampf auf einem rein theologischen Schlachtfeld ausgefochten wird und man b) als Nichtstudierter nur eines ganz sicher wissen kann: Es geht ihm ums Essen und Trinken.

Wie Jesu Blut schmeckt, das ihnen als Katholiken verboten war, wollten sie sich lieber nicht vorstellen. Aber dass der Pfarrer vom selben Brot aß wie die Gemeinde. Von einem ofenwarmen Fünf-Kilo-Laib mit röscher Kruste, innen so saftig, dass niemand die Butter vermisste. Jeder brach sich einen Brocken ab, bevor er den Laib weiterreichte, steckte ihn sich in den Mund und kaute genüsslich darauf herum. Nicht Freiheit und Gleichheit – die Kelchkommunion, die Teilhabe aller Gläubigen am Abendmahl, das war das Herz der evangelischen Revolution.

Wenig Licht und viele Schatten

Lohnt ein Besuch?

Wenn sich die Eisenbahn über den Frankenwald nach Thüringen hinaufquält, läuft es den Ludwigsstädtern kalt den Rücken hinunter. Ganz real. Alle paar Minuten. Die kleine Sammlung trauriger Häuschen, die mit schwarzen Schiefertafeln verkleidet sind, liegt unterhalb eines Viadukts. Jeder Waggon schickt einen Schatten nach unten. Wer den Ort, der 1953 rehabilitiert und wieder zur Stadt erhoben wurde, zu genießen vermag, ist führenden Psychologen zufolge dagegen resistent, an einer Depression zu erkranken. Ludwigsstadt ist von Bergen umstellt, der Sonne gelingt es nur an wenigen Tagen im Jahr, bis zum Boden vorzudringen. Frankenwald eben. Ganz hinten. Fünf Kilometer vor Thüringen.

Was sollte man gesehen haben?

Wer Ludwigsstadt besuchen will, sollte sich um Mittsommer aufmachen. Denn nur dann ist es im Tal der Saale tagsüber ausnahmsweise nicht finster. Es führt aus dem Ort hinaus zum Stammsitz Friedrich von Thünas. Die **Burg Lauenstein**, das Neuschwanstein des Frankenwalds, liegt vier Kilometer nördlich von Ludwigsstadt, erhielt ihre heutige Gestalt Ende des 19. Jahrhunderts, ist eine Augenweide, kann aber nur von außen besichtigt werden. Wir trösten uns im Werkverkauf der gleichnamigen **Manufaktur für feinste Pralinen und Marzipan,** das Gebäude von Launstein, eine alte Mühle, duckt sich tief ins Tal, wir müssen allerdings noch ein kleines Stück weiter an der Saale entlang (Fischbachsmühle, Mo–Fr 9–18 Uhr, Sa 10–17 Uhr, So, Feiertag 12.30–18 Uhr). In Ludwigsstadt selbst kann lediglich ein Missgeschick unser Herz erfreuen. In der über dem Ort thronenden **Kirche St. Michael**, einem Musterbeispiel für ein klassizistisches Landgotteshaus, finden wir die Kopie eines berühmten Luther-Porträts. Es ist so aufgehängt, dass der Reformator seinem Nachbarn, dem als Relief verewigten Graf Otto X. von Orlamünde, ungeniert auf die Schamkapsel glotzt. Es sei den beiden gegönnt.

Stehpreußen

Alle Mann Geld abknöpfen, zack, zack!

»Andere Staaten besitzen eine Armee; Preußen ist eine Armee, die einen Staat besitzt«, lästerte der französische Aufklärer Graf Mirabeau, als der Alte Fritz 1786 in Potsdam zu Grabe getragen wurde. Aus der Rückschau lässt sich dieser Satz auch als Prophezeiung lesen, stand doch der Siegeszug von Zucht und Ordnung erst noch bevor. Bismarck ließ bekanntlich nicht locker, wodurch ab 1871, als man seinem Brotherrn Wilhelm I. die Kaiserkrone aufsetzte, von Garmisch bis Flensburg galt: An Preußens Hang zum Strammsteh'n soll ganz Deutschland genesen.

Mainbernheim, ein pittoreskes Städtchen 25 Kilometer südöstlich von Würzburg, wurde bereits fünf Jahre nach dem Tod des Alten Fritz diszipliniert. Der uralte Ort liegt an der Via Regia, der mittelalterlichen Handelsroute von Frankfurt nach Nürnberg, auf der auch Kaiser Barbarossa reiste. Er durfte Zoll erheben. Im Gegenzug war er verpflichtet, ab Kitzingen Geleitschutz zu gewähren,

denn die Zeiten waren mörderisch. 1525 verleibte sich der Markgraf von Ansbach die freie Reichsstadt ein. Er musste ja von etwas leben! 1704 ließ er die Mainbernheimer für ein Pferd vier Kreuzer Zoll und für ein Fuder Wein – etwa 1.000 Liter – zehn Kreuzer abkassieren.

Und schon naht jenes Schicksalsjahr, das dem fränkisch gemütlichen Schlendrian den Garaus machen sollte. 1791 verkauft der Markgraf von Ansbach sein Territorium an seinen preußischen Verwandten, Friedrich Wilhelm II. Für eine jährliche Rente von 300.000 Gulden. Im Zusammenhang mit dem Anschluss an Preußen stehende Veränderungen in Verhalten und Aussehen der Zöllner, die sich kurz nach dem Herrschaftswechsel vollzogen, sprangen den Fuhrleuten natürlich sofort ins Auge. Zumal ein paar Kilometer weiter, im Fürstbistum Würzburg, alles beim Alten geblieben war. Kaputtgelacht haben sie sich über die neuen Unsitten. Nicht mehr irgendwie standen die Mainbernheimer jetzt da, sondern stramm.

Geheimtipp würde sie gern bleiben

Lohnt ein Besuch?

An Städtchen, die sich über die Jahrhunderte kaum verändert haben, herrscht in Unterfranken kein Mangel. Deshalb wundert es nicht, dass das leicht abseits gelegene, 2.300 Einwohner kleine Mainbernheim auf den Da-muss-ich-mal-hin-Listen meistens hinten herunterfällt. Leider – und zum Glück. Denn bekanntlich kippt der Flair solcher Kleinode ins Kitschige, sobald die Besucherzahlen überhandnehmen. Die Heimat der Stehpreußen, unverfälscht erhalten, liebevoll saniert und gepflegt, aber da und dort auch stoisch vor sich hin verfallend, ist etwas ganz Besonderes.

Was sollte man gesehen haben?

Das alte Mainbernheim besteht vereinfacht gesprochen nur aus einer einzigen Straße, der seit dem Frühmittelalter bezeugten Via Regia (auf dieser Streckenführung auch Via Publica genannt). Ursprünglich wurde der Zoll bei der Durchfahrt durch eines der beiden Stadttore kassiert, die uns auch heute als Orientierungsmarken dienen. Dank eines reich dekorierten Auslegers finden wir an einem schmalen Platz das empfehlenswerte **Wirtshaus Zum Falken** (gehobene fränkische Küche, Mi–Sa Mittagstisch und ab 17 Uhr). Zwei Häuser weiter hat man **alte Zollschilder** angebracht, die vor einigen Jahren auf dem Dachboden des Rathauses zum Vorschein kamen. Wir lernen: Maut ist keine Plage moderner Tage, auch früher war fürs Auto Wegegeld fällig. Die Tafeln, die Durchfahrtstarife auflisten, hingen ursprünglich auf Höhe des Rathauses, wo sich in der Ära der Preußen die Zollstation befand. Da das Städtchen noch einmal gewinnt, wenn man die Geschichten von fahrenden Händlern und reisenden Kaisern des Mittelalters, der einstigen jüdischen Gemeinde und der Berliner Beamtenordnung kennt, die sich hinter den Fassaden der Häuser verstecken, ist es von Vorteil, den ersten Besuch auf einen der Tage zu legen, an denen eine **Stadtführung** angeboten wird (Termine siehe www.mainbernheim.de).

Staffelbrunzer

Wenn's läuft, dann läuft's

Franken ist mit Plätzen gesegnet, die wie dafür gemacht sind, dass man dort vor langer Zeit erst eine Burg hingestellt und dann in ihrem Schatten eine Stadt hat wachsen lassen. Aber ach, ausgerechnet die romantischste unter den Fachwerk-Perlen, das putzige Miltenberg, wollte man dort haben, wo sich das allzu menschliche Wasserlassen aufgrund von gegebenen Wassermassen als ein Problem darstellte.

Der Standort, den sich der Bischof von Mainz Ende des 12. Jahrhunderts aussuchte, war denkbar dumm. Denn er ließ den Untertanen nur einen Handtuchstreifen breit Platz, um sich ihr Daheim zu bauen. Unterhalb eines Steilufers. Direkt am Ufer des Mains. Bei Hochwasser kann der Fluss dort gar nicht anders, als die schier unendlich lange, parallel zu seinem Lauf geführte Straße zu fluten, an der sich die Altstadthäuser aufreihen. Bis zu 3,5 Meter hoch. Mal ehrlich: Wenn das Wasser direkt vor deiner Tür steht, wie würdest du dich da deiner Notdurft

entledigen? Hose auf und laufen lassen! Der Drecksbrühe einen ordentlichen Spritzer Gelb beimischen, ihn mit Richtung Rhein schicken. Direkt von den Treppen aus, die außen von der Straße ins Haus führen – sie wurden einst »Staffel« genannt.

Als den Miltenbergern ab 1999 unter anderem mit der neuen Uferpromenade endlich ein wirksamer Schutz vor dem Hochwasser hingebaut wurde, hätten sie eigentlich auch Maßnahmen gegen ihren bösen Spitznamen einleiten können. Zum Beispiel durch neue Gewohnheiten. Aber es war halt auch kolossal bequem gewesen, dass man, wenn man einen Drang verspürte, jederzeit an Ort und Stelle ... Die nächste Flut: Stadt wieder durchgespült. Also baten sie den Aschaffenburger Künstler Helmut Kunkel um Hilfe. Der formte ihnen den Staffelbrunzer-Brunnen, drei fast lebensgroße junge Burschen, aus deren offenen Hosen ein druckvoller Strahl schießt. Seit 2016 pinkeln sie unentwegt. In ihrem Rücken: ein öffentliches WC.

Fachwerkwunder mit Spitzenbrauerei

Lohnt ein Besuch?

Man sollte nicht eifersüchtig auf die vielen anderen sein, die dem schönen Miltenberg am selben Tag eine Liebeserklärung machen. Das kurios geformte Fachwerkstädtchen bekommt niemand für sich allein. An den Wochenenden wird es zum Touristenhotspot. Mit allen Konsequenzen. Das ist aber auch die einzige Trübung, die sich über einen ansonsten makellos strahlenden Ausflugstag zu legen vermag.

Was sollte man gesehen haben?

Ein Besuch in Miltenberg sollte immer mit einem Ritual beginnen, einem kurzen Besuch am **Staffelbrunzer-Brunnen** nahe der Schiffs-anlegestelle. Man sagt dort zu den schamlos pinkelnden Bronze-Burschen mit erhobenem Finger »Nein, nein« und verschwindet kurz im öffentlichen WC zwei Meter hinter ihnen. Innerlich gereinigt (und mit gewaschenen Händen!), finden wir von selbst in die Altstadt beziehungsweise dort automatisch zum zentralen kleinen **Marktplatz**. Miltenberg ist extrem übersichtlich, man braucht keine Orientierungshilfe. Totaler Müßiggang ist die Parole, die der seit ewig in einer imaginären guten alten Zeit vor sich hin dämmernden Kulisse am besten gerecht wird. Egal, in welche Richtung wir die schier endlos lange Hauptstraße mit maximaler Langsamkeit entlangflanieren, am Ende sieht es für den Gaumen immer gut aus. Denn wir stoßen entweder auf das Fachwerkwunder **Zum Riesen, das älteste Gasthaus Deutschlands** (täglich ab 11 Uhr), oder das Besucherzentrum der extrem empfehlenswerten lokalen **Brauerei Faust** (Bräustüble um die Ecke, Mo–Do ab 15 Uhr, Fr–So ab 11 Uhr). Die Burg über der Stadt ist heute ein **Museum für moderne Kunst** (Karfreitag bis Ende Okt. Di–So 11–17.30 Uhr). Bei Miltenberg traf ab 155 nach Christus der Limes, die Grenze des Römischen Reichs, auf den Main, am Rand der Altstadt finden sich die Reste eines Militärlagers. Bildungshungrige erfahren im **Stadtmuseum** Näheres auch über diese Zeit (täglich außer Mo).

Bärenjäger

Diese Stadt ist auf den Hund gekommen

Der dunkle Frankenwald und das raue Fichtelgebirge sind nun wirklich nicht dafür bekannt, dass dort der Bär steppt. Und schon gar nicht das Städtchen Münchberg, das sich nicht so recht entscheiden kann, wie es mit sich selbst weitermachen will. Es könnte sich dem Strukturwandel, der dem einstigen Mekka der Weber und Textilveredler seit Jahrzehnten zusetzt, ja mit mutigen Ideen entgegenstemmen. Oder wäre es realistisch betrachtet doch an der Zeit, aufzugeben und das Mosaik aus Leerstand und unzureichend frequentierten Läden und Cafés dem Verfall zu überlassen?

Im 19. Jahrhundert, als das bereits industrialisierte England den Kontinent mit Billigware überschwemmte, hatte sich die Stadt schon einmal selbst aus dem Sumpf gezogen. Damals gab Bürgermeister Ludwig Zapf die Devise aus: Mit Humor wird alles besser! Der Heimatforscher und Verleger verordnete seinen Münchbergern, sich über ein Fettnäpfchen schepps zu lachten, in das

sie 1779 getreten waren. Das Spektakel, eine Faschingsgaudi mit Umzug und Besäufnis, begann am Morgen des 10. Februar 1880 mit der Warnung, die Straßen zu meiden, weil ein zotteliges Raubtier gesichtet worden sei. Der Ort spielte nach, wie er sich den Spitznamen Bärenjäger eingefangen hatte.

1779 schrie ein Münchberger »Ein Bär! Ein Bär!«, nachdem er im nahen Wald die Axt hatte fallen lassen und so schnell er konnte in die Stadt gerannt war. Noch am selben Tag rückten alle Mann, mit Gabeln, Schwertern und was sie halt so hatten, ins Gehölz vor. Weil es raschelt und knackst, wenn sich ein Bär bewegt, hatten sie das Untier bald im Dickicht aufgespürt. Der Apotheker drückte ab. Baaang. Stille. Knacks. Ein Rascheln, das auf sie zuraste. Bei einigen der Männer: etwas Warmes, das an ihren Beinen hinunterlief. Ein schwarzes Ding sprang direkt auf den Apotheker zu. Das Haarknäuel sah aus wie sein Pudel, der ihm entlaufen war. Und siehe da: Er war es auch!

In diese Falle tappt man gern

Lohnt ein Besuch?

Wo die Wurzeln des wohl im II. Jahrhundert im Schutz einer kleinen Burg entstandenen Münchberg liegen, ist die Stadt nicht mehr
nur weitgehend aus-, sondern bereits großflächig abgestorben. Die
Straßen um die Altstadtkirche St. Peter und Paul gehören zu den
trostlosesten Spazierwegen überhaupt. Aber nur ein paar Fußminuten weiter, am Ufer des Flüsschens Saale! Wie der berühmte
Löwenzahn, der sich mitten auf einem grau asphaltierten Parkplatz
durch einen winzigen Spalt ans Licht zwängt, überrascht dort ein
kleines, feines Quartier mit Eiscafé. Oh ja, diese Stadt hat einen phänomenalen Lebenswillen!

Was sollte man gesehen haben?

Bis 1971 gossen sich die Münchberger Bier der Marke Bärenbräu ins
Glas, das Brauhaus befand sich mitten in der Stadt. Heute liegt ihr
größter Stolz acht Kilometer außerhalb. Der 877 Meter hohe **Große
Waldstein** ist ein Wanderparadies, das am besten mit der Behaup-
tung beschrieben ist, dass das Wort verwunschen nur dazu in den
Duden aufgenommen wurde. Für ein »Aah!« und ein »Ooh!« würden
bereits seine bizarren Felsformationen und zwei Burgruinen genü-
gen. Wir aber lassen uns sogar zu einem »Ohlàlà!« hinreißen. Nicht
weit von der **Gaststätte Waldsteinhaus** (mit Parkplatz, Di–So ab 10
Uhr) finden wir die einzige erhaltene **historische Bärenfanganlage**
überhaupt: ein kleines, fensterloses Haus, in dem die Münchberger
mindestens bis in die 1760er Jahre ein totes Kalb oder Honig als Köder
auslegten. Es heißt, dass ihnen jedes Jahr mindestens ein Tier in die
Falle gegangen ist. Gut möglich, dass hinter der Geschichte vom Apo-
thekerpudel, die den Münchbergern den Spitznamen Bärenjäger eingebracht hat, in Wahrheit folgendes Ereignis steckt: Um 1770 sollen
sich zwei Mönche bei ihrer Fußreise über den Frankenwald verirrt
haben. Von einem Gewitter überrascht, freuten sie sich über die ver-
meintliche Schutzhütte – deren Fallgitter-Mechanismus zuschnappte.

Nägelsieder

Wer sich dumm stellt, ist nicht klug

Erst haben sie einen wirklich guten Plan. Dann setzen ihn die Münnerstädter mit derselben Schludrigkeit um, mit der man nach fünf Halben an Kartenhäusern baut. Ein Windhauch. Und aus. Seit Jahrhunderten geht das nun schon so.

Um 1470 war Münnerstadt gar nicht so arm, wie man beim Anblick des heutigen, doch etwas trockengefallenen Haufens alter Häuschen glauben möchte. Die Grafen von Henneberg förderten die Siedlung, denn sie brauchten sie als Bollwerk gegen den Bischof von Würzburg, ihren größten Rivalen. Geld war also da. Genug, um sich ein neues Rathaus zu bauen. Man vergaß aber, für Fenster und Türen Öffnungen frei zu lassen. So steht es auf einer Tafel, die der Bildhauer Thomas Kessler am Ort des Geschehens hat aufstellen lassen. Seine Brunnenskulptur zeigt einen Topf, in dem Nägel wässern. Alles sollte bei einem zweiten Versuch wiederverwendet werden. Auch die Eisenstifte. »Da sich das Richten als zeitaufwendig herausstellte, kam ein findiger Stadtrat auf die Idee, sie durch Sieden geschmeidig zu machen.«

Ach, liebe Münnerstädter, einfach eine Geschichte aus den berühmten Schildbürgerstreichen abkupfern! Der Schachzug, euch selbst zu Nagelsiedern zu erklären, um von einer noch viel peinlicheren Schusseligkeit abzulenken, ist in Sekunden durchschaut.

1490 beauftragten die Münnerstädter den Bildhauer Tilman Riemenschneider, den fränkischen Michelangelo, ihnen für ihre Kirche einen neuen Altar zu schnitzen. Weil ihnen das Ergebnis so überhaupt nicht gefiel, ließen sie die Figuren erst übermalen und schließlich Stück für Stück nach da- und dorthin verschwinden. Kunsthistoriker empfinden das, als hätte der Vatikan 1989 die Berliner Mauerspechte dazu eingeladen, sich als Nächstes die Sixtinische Kapelle vorzunehmen. Fassungslos ringen sie nach Worten, es gibt aber keine, die so einen konkurrenzlos hohen Grad an Dummheit beschreiben können.

Wo das Trauern zu Hause ist

Lohnt ein Besuch?

Münnerstadt, der Clown unter den fränkischen Kleinststädten, hat für Tausende, die ihr Abitur in einem Umkreis von 200 Kilometern gemacht haben, einen bitteren Beigeschmack. Aber zum Glück ist die Generation jener Lehrer, die in den Resten von Tilman Riemenschneiders Großkunstwerk ein probates Mittel sahen, um der Jugend bei einem Schulausflug ihre Dummheit auszutreiben, bereits in Rente gegangen. Wer nicht belastet ist, dem wird es Spaß machen, sich der Metropole des Schabernacks für ein, zwei Stunden auszuliefern.

Was sollte man gesehen haben?

Münnerstadts schönste Ecken liegen direkt an und in Sichtweite der **Kirche St. Maria Magdalena.** Vom bezaubernd romantischen Kirchhof aus sieht man ein Stadttor, das den Augen nicht minder schmeichelt, da man dem Turm ein Fachwerkhaus aufgesetzt hat. Statisch ist das romanisch-gotische Gotteshaus eine Katastrophe. Seine Konstruktion ist so instabil wie ein Kartenhaus. Highlight sind die letzten dort verbliebenen **Krümel des 1492 fertiggestellten Riemenschneider-Altars** – Figuren, die so klein sind, dass man sie sich besser gleich auf jenen Postkarten ansieht, die am Ausgang auf Käufer warten. Wir trösten uns mit der Einsicht, dass sich die Münnerstädter das Original ja gar nicht leisten könnten. Wegen der exorbitanten Versicherungssumme. Dem Marktplatz würde eine Frischzellenkur guttun. Das Rathaus, ein frei stehender Fachwerkbau, dient noch immer, wofür es um 1470 errichtet wurde. Daneben verbreitet der kleine **Nägelsieder-Brunnen** das Märchen, die Buchstaben WOSN der Wetterfahne würden »Wir Ochsen sieden Nägel« bedeuten. 1994 wurde Münnerstadt zum **Bundesausbildungszentrum der Bestatter**, hier entstand der weltweit einzige Friedhof, der nur zum Lernen da ist. 2018 kam heraus, dass wohl etliche der Leichen, an denen die Schüler üben konnten, illegal bereitgestellt worden waren. Auch das ging also mächtig in die Hose.

Bettelhöhe

Der Herr hat's nicht gegeben

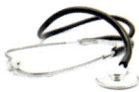

1808 empfing in Fürth ein Junge das Sakrament der Taufe, der sein Leben ganz in den Dienst des Guten stellen sollte und von seinen Anhängern noch heute wie ein Heiliger verehrt wird, auch wenn sie sich gegen diese Formulierung entschieden verwahren, denn so etwas gibt es bei ihnen nicht, den Evangelischen.

Wilhelm Löhe muss ein Kraftpaket von Mensch gewesen sein. 1837 wurde er zum Pfarrer von Neuendettelsau berufen. Obwohl das Dörfchen mit seinen gerade einmal 425 Einwohnern wegen seiner Abgeschiedenheit wahrlich nicht dafür prädestiniert war, initiierte er dort ein Herzensprojekt nach dem nächsten. Alle im ganz großen Stil. Das erste: Seelsorge für Auswanderer. Das zweite: Missionare ausbilden.

Speziell seinem nachhaltigsten Mammutunternehmen standen diejenigen, die im Dorf nichts zu sagen hatten, die Bauern und ihre Mägde und Knechte, skeptisch, wenn nicht gar feindlich gegenüber. 1854 legte

Löhe den Grundstein für eine Sozialeinrichtung, die Diakonie Neuendettelsau, die heute 7.200 Menschen beschäftigt. Löhes Idee: Krankenschwestern ausbilden, die sich dann auf den Dörfern um die Armen kümmern. Wer wird die gute Tat bezahlen müssen? In der mehrtausendjährigen Geschichte der Zivilisation haben die einfachen Menschen eines gelernt: wohl nicht die feinen Würdenträger, sondern sie!

Weil Löhes Diakonie Lern- und Übungsprobanden brauchte, ließ er auf der Hochebene von Neuendettelsau 1867 ein erstes Krankenhaus errichten. Die Betten: leer. Denn ein Genesungstag kostete den halben Wochenlohn eines Handwerkers. Löhes Lösung: Drückerkolonnen. Bis 1880 schwärmten seine Lernschwestern zweimal im Jahr in 137 Dörfer aus, um ihm den Etat zusammenzubetteln. Klar, dass jeder Bauer und jede Bauersfrau gern und aus freien Stücken gab. Wie sonst konnten sie sich ein schönes Plätzchen im Himmel erkaufen?

Kleinstadt mit professionellen Gläubigen

Lohnt ein Besuch?

»Nicht tot möchte ich in dem Neste sein«, soll Wilhelm Löhe ausgerufen haben, nachdem der in seinem ersten Wirkungsort Nürnberg als überfrommer Aufrührer verschriene Moralprediger nach Neuendettelsau abgeschoben worden war. Getreu seinem Motto »Glaube betet Sorgenberge ins Meer« füllten er und seine Nachfolger die Hochebene, auf die das Straßendorf hinaufführt, kontinuierlich mit so vielen karitativen und glaubensaktiven Einrichtungen, dass man heute von der Kleinstadt der Zehn Gebote sprechen mag. Wer selbst religiös ist, wird den Ort als inspirierend und deshalb gänzlich anders erleben als ein Anhänger weltlicher Freuden. Letztere seien gewarnt: Ihnen wird es dort mit Sicherheit des Guten zu viel.

Was sollte man gesehen haben?

Die Sehenswürdigkeit von Neuendettelsau ist die immense Fläche, auf die sich die **Diakonie** mit ihren Wohneinrichtungen für Behinderte und Menschen aus prekären Verhältnissen, ihren Bildungseinrichtungen für Geistliche, Sozial- und Pflegeberufe, einer Hostienbäckerei, Altersheimen der Diakonissinnen und, und, und erstreckt; es scheint, als nehme das Meer ihrer funktionalen, kargen Architektur kein Ende. Wer sich nicht auf das Abenteuer einlassen will, sich in diesem Labyrinth des Helfens kurzzeitig zu verirren, kann sich am Service-Point einen Überblick verschaffen (Wilhelm-Löhe-Straße 5, Mo–Do 8–16 Uhr, Fr bis 15.30 Uhr). Empfehlenswert ist ein Besuch des kleinen, aber feinen **Löhe-Zeit-Museums**, das die Lebensumstände der einfachen Landbevölkerung um 1850, die Auswanderung aus Franken nach Amerika und die Motivation Wilhelm Löhes für die Gründung der Diakonie gekonnt miteinander vernetzt und zu verstehen hilft, mit welch epochalen Resultaten sich der 1872 verstorbene Geistliche für das Wohl seiner ihm nicht immer wohlgesinnten Mitmenschen stark gemacht hat (Bahnhofstraße 38, So/Feiertag 14–17 Uhr).

Hundefresser

Sie wollten halt ihr Fett abbekommen ...

Ein Süppchen vom Pudel, zartes Mopsfilet und Schäufele vom Collie. Dass einst in der Grenzstadt zu Thüringen solche Köstlichkeiten auf den Tisch kamen, ist eine böse Unterstellung. Augeneinsetzer und Beinanstreicher, solchen Berufen ging man bis in die 1920er Jahre in Neustadt bei Coburg nach. Durch einen höchsten Grad an Spezialisierung wollte man den Nachbarn, den Sonnebergern, ein Stück vom großen Kuchen abknapsen. Ein Trick, den man sich um 1805 ausgedacht hatte. Er war kein guter. Bereits der griechische Philosoph Epikur hatte gewarnt: »Gewinne nie Habsüchtige zu Freunden.«

1805 hatte Sonneberg das Pappmaschee als neuen Werkstoff entdeckt. Dank ihm hatte sich Neustadts östlicher Nachbar zum Weltzentrum der Spielwarenproduktion entwickelt. Der Absatzmarkt USA bot unbegrenzte Wachstumsraten. Aber nicht im Traum dachten die Sonneberger daran, den Neustädtern mehr als ein paar Krümel abzugeben. Zulieferer durften sie werden, Puppenbeine einfärben oder Glasaugen in engelsgleiche Gesichtlein drücken. Gegen ein Entgelt, das sie gerade noch vom Sterben abzuhalten vermochte. Ganz Neustadt war zur Heimarbeit verdammt. Und litt an deren Folgeerkrankung, der Tuberkulose. Ein muffig modriger Raum pro Familie musste reichen. Zum Werkeln, Kochen, Essen, Schlafen und zum an der Schwindsucht Leiden. Glücklich war, wer sich da zumindest einen Hund leisten konnte. Denn dessen Fett, ausgelassen und auf die Brust gestrichen, galt in der Volksmedizin als Wunderbalsam gegen Atemleiden.

In Coburg, der reichen Residenz des Herzogtums Coburg-Sachsen und Gotha, roch man den Braten. Beziehungsweise, wonach menschlicher Abschaum stinkt. »Wir haben sie geschlachtet – aber ihr habt sie gefressen«, konterten die Neustädter. Und die Sonneberger? Sie wurden 1920 zur Strafe Thüringen und 1945 der Sowjetischen Besatzungszone zugeschlagen und durch die Mauer für Jahrzehnte aus Franken ausgegrenzt.

Wo leider nur die Puppen tanzen

Lohnt ein Besuch?

In den 1990er Jahren, behaupten böse Zungen, gründete sich eine Selbsthilfegruppe von Tagesausflüglern. Ihr Ziel: dass für Orte wie Neustadt ein Beipackzettel Pflicht wird, der vor den Nebenwirkungen warnt. Die Ursache der verheerenden Wirkung des Ortsbildes ist in einem Stadtbrand zu suchen, der 1839 kaum ein Haus verschonte, sowie im Hang der Region zu einer ästhetisch unvorteilhaften Melange aus allerschlichtesten Fassaden, Backsteinen und Schieferschindeln, die sich wie ein Sargdeckel über die oberen Haushälften stülpen. Das Ensemble ideenfrei zu einem Städtchen kombinierter Häuser strahlt Freudlosigkeit in Reinkultur aus.

Was sollte man gesehen haben?

Wirklich sehenswert ist das **Museum der Deutschen Spielzeugindustrie** (Hindenburgplatz 1, Di–So 10–17 Uhr). Beziehungsweise dort die umfangreiche Abteilung zur **Völker- und Trachtenschau in Puppen**, kurz VÖTRA. Nachdem in den Zwanzigern die Weltwirtschaftskrise den Export nach Übersee nahezu zum Erliegen und die Spielwarenfirmen arg gebeutelt hatte, überlegten sich die Neustädter ein Prestigeprojekt. Sie schickten Puppenrohlinge ins benachbarte Ausland und in alle Welt, auf dass man ihnen dort das Gewand der Eingeborenen anziehe. 1933 wurde die völkerkundliche Sisyphosarbeit erstmals öffentlich gezeigt, der Plan, mit ihr die Puppenindustrie anzukurbeln, ging aber ebenso wenig auf wie der, mit einer Wanderausstellung international zu beeindrucken. Immer am Jahresausklang widmet sich das **Historische Weihnachtsmuseum** einem weiteren regionaltypischen Wirtschaftszweig, dem **Christbaumschmuck aus Glas** (Sternenweg 2, Okt.–Jan., Mo–Sa 9.30–18 Uhr). Damen und Herren, denen beim Anblick von Kulleraugen das Herz aufgeht, freuen sich das ganze Jahr auf das **PuppenFestival**, das weltweit größte Treffen der Fans von Puppen- und Teddybären (Mitte Mai, www.puppenfestival-neustadt.de).

Kahlfresser

Eine Großstadt auf Hamsterfahrt

Es stimmt, dass seit den Hungerjahren nach 1945, in denen der Nürnberger morgens mit einem seiner Perserteppiche aufs intakte Bauernland aufbrach und abends mit einem Schinken zurückkam, noch eine Rechnung offen ist. Bis heute pochen die Städter auf Nachzahlung. Auf Gerechtigkeit. Und verleihen ihrem Anspruch mit der achten Plage Nachdruck, mit der Gott im Alten Testament den Seinen schon einmal zu einem Sieg verholfen hat. Wie wenig Geräuchertes man für seine Auslegeware bekommen hat, das war echt nicht okay!

Wochenende. Ausflugswetter. Neun Uhr vormittags. Gefühlt 100 Prozent der 510.000 Nürnberger schwärmen aus, um ab Mittag entlang der Bahnlinien und der Rad- und Wanderwege in den Landgasthäusern einzufallen. Andernorts mögen es Plätze sein, an der die Pilze körbeweise wachsen, in Nürnberg aber gibt eine Generation der nächsten weiter, wo der Schweinsbraten am wenigsten kostet, weil die Kartoffeln für die Klöße

von Hand gerieben werden. Von der Oma. Und natürlich, wo der Sudkessel fürs hausgemachte Bier noch mit Holz beheizt wird, das der Brauer in der Freizeit hackt. Danach gefragt, wem er sie als Nächstes vom Kopf fressen wolle, rauft sich der Nürnberger die Haare. Eine Geste der Freude. Denn wieder wird sein Wissen wertvoller, wo es noch wie früher ist.

Seit den Sechzigern ist das so, dem Jahrzehnt, in dem der Kahlfraß, das Wirtshaussterben draußen auf dem Land, seinen Anfang nahm. Mit einem selbst für Franken unverschämten Maß an Unfreundlichkeit, ja gröbstpersönlichen Beleidigungen und der Lüge, dass es nichts mehr zu essen gibt, weil nichts mehr da ist, basta, versucht die Landbevölkerung seither, der Plage Herr zu werden. Aber selbst der Verzicht auf jedwede Hygiene hatte stets nur eines zur Folge: Kultstatus. Ein Wahnsinn, der 27 Stunden Arbeit am Tag, aber wenig Gewinn bedeutet. Verständlich, dass kaum einer der Jungen den elterlichen Gasthof übernimmt.

Wo der Grill auch im Winter raucht

Lohnt ein Besuch?

Gastlichkeit ist viel wert. Aber für wen? Keine Stadt hat diese Frage für sich so eindeutig beantwortet wie Nürnberg. Seit dem 13. Jahrhundert, in dem Rudolf von Habsburg die Tradition der deutschen Könige begründete, ihren ersten Reichstag dort auf der Burg abzuhalten, ist man darin geübt, den Fremden eine Schmalhans-Version der Bratwurst aufzutischen. Sie ist so arm an Fleisch wie der Finger, den Hänsel im Märchen der Hexe entgegenstrecken soll. Obendrein wird sie mit zwei Beilagen serviert, die dem Wirt keine Arbeit machen: Sauerkraut, das ja allein vor sich hin köchelt – und ein paar Scheiben von dem, was man eh im Haus hat: Brot. Halsabschneider! Unverschämt! Und doch so köstlich, dass sich ein Genuss-Ausflug lohnt.

Was sollte man gesehen haben?

Der Klassiker unter den Bratwurstlokalen ist das **Bratwursthäusle** (Rathausplatz 1, Mo–Sa 11–22 Uhr), das dank seiner Lage direkt bei St. Sebald immer auch ein Ankerpunkt für einen Bummel durch den touristischen Teil der Altstadt ist, die Ecke zwischen Hauptmarkt und Burg. Seine Ursprünge reichen bis ins Jahr 1313 zurück. Die Fingerchen werden dort selbst gemetzgert und vor den Augen des Gastes über offenem Feuer gegrillt, geschürt wird mit Buchenscheiten. Zu trinken gibt es aber leider nur Biere des Tucher-Markenkonsortiums, dessen Ruf auch deshalb legendär schlecht ist, weil im Umland von Nürnberg nach wie vor zig Kleinbrauereien echte Geschmackswunder abfüllen. Läuft man vom Bratwursthäusle aus um den Chor der Sebalduskirche herum und dann bergauf, gelangt man zum **Albrecht-Dürer-Haus**. Dort oben lädt das »Bieramt« des Café Wanderer dazu ein, sich durch eine ständig wechselnde **Kollektion fränkischer Landbiere** durchzutrinken (Beim Tiergärtnertor 2–6, Di–So ab 10 Uhr). Zusammengestellt wird sie von Boris Braun, der seit Jahrzehnten Bücher und Artikel über fränkisches Bier veröffentlicht.

Goratzn

Schwesterchen, komm tanz mit mir

»Vom Feind drei Monat belagert, vom Freund vier Monat ausgefressen«, jammerte Lukas Friedrich Behaim, nachdem in Nürnberg 35.000 Menschen zu Grabe getragen worden waren. Als versierter Diplomat war er mit dafür verantwortlich gewesen, die Feuerwalze des Dreißigjährigen Kriegs auf Abstand zu halten – und auf ganzer Linie gescheitert.

3. Juli 1632. Der schwedische König Gustav Adolf lässt sein 20.000 Mann starkes Heer in Sichtweite der Nürnberger Stadtmauern Schanzen bauen, befestigte Lager. 17. Juli. Wallenstein, Befehlshaber der Katholischen, postiert seine 50.000 Mann bei Zirndorf, wo sie eine riesige Festung aus dem Boden stampfen. 27. August. Bei den Schweden treffen 24.000 Mann Verstärkung ein. 4. September. Nach zwei Tagen nimmt die Schlacht an der Alten Veste bei Zirndorf das schlimmstmögliche Ende: unentschieden. Nicht nur Behaim ist klar, dass sich der Krieg noch ewig hinziehen wird. Als hätten sie es nicht schon immer gewusst, offenbarte

sich den Nürnbergern in diesen Monaten, dass ihre Nachbarn Goratzn waren. Wallenstein nahm sich mit Gewalt, was sein Heer benötigte. Die Stadt war voll mit Flüchtlingen. Und auch die Schweden hatten Hunger. Lebensmittel kamen keine durch. Draußen aber, vor der Stadtmauer, spielten sie jeden Abend zum Tanz auf. Im heutigen Stadtteil Wöhrd hatten sich jene Truppenteile eingegraben, die Gustav Adolf geschont wissen wollte, Elite-Söldner, die er in Italien und Spanien rekrutiert hatte. Sie vertrieben sich die Zeit, indem sie mit den Wöhrdern mehr als nur ein Fass auf- und den Damen schöne Augen machten.

Man muss Goratzn übersetzen, um zu begreifen, wie groß die Wut der Nürnberger war. Damals bezeichnete das hochdeutsche Pendant Kroaten die Schlimmsten der Schlimmen, Wallensteins ausländische Soldaten. Unabhängig von deren wahrer Nationalität. Die Wöhrder als Hilfstruppen des Schlächters. Schamlose Verräter, elendige!

Wo Flamingos ihre Runden ziehen

Lohnt ein Besuch?

Weil das vor der östlichen Stadtmauer gelegene Wöhrd spätestens seit der Industrialisierung nahtlos mit der City von Nürnberg verschmolzen ist, können sich seine Bewohner heute nur mehr schwer vorstellen, dass sich die beiden Nachbarn lange feindschaftlich gesinnt waren. Im Markgrafenkrieg von 1552 hatten die Nürnberg Wöhrd dem Erdboden gleichgemacht. Sie befürchteten, dass sich der Feind dort einnisten würde. Dass sie das Dorf danach auf ihre Kosten wieder aufbauten, genügte den Wöhrdern nicht als Wiedergutmachung. Im alten Ortskern, der sich direkt an das östliche Ende des Cramer-Klett-Parks anschließt, sind ein paar Häuschen aus der Zeit vor 1808 erhalten geblieben, dem Jahr der Eingemeindung. Dank seines 2,6 Kilometer langen Stausees, auf dem von Mai bis September die Verliebten in Flamingo-, Enten- oder Schwanen-Tretbooten herumturteln, wissen die Nürnberger das Viertel als ihr Sommerparadies zu schätzen. Im Gegensatz zum Schlachtfeld bei Zirndorf hat der Dreißigjährige Krieg in Wöhrd keine sichtbaren Spuren hinterlassen.

Was sollte man gesehen haben?

Wer sich auf die Suche nach Spuren aus dem Jahr 1632 begeben will, sucht sich in Zirndorf in der Fürther Straße einen Parkplatz. Bei der Bushaltestelle Kreutleinstraße steigt ein Weg zur **Alten Veste** auf, dem Dreh- und Angelpunkt der Schlacht vom 3./4. September 1632. Dank eines Aussichtsturms bietet sich ein **einzigartiger Panoramablick**. Schaut man Richtung Norden, findet man in der Ferne das Häusermeer des Fürther Vororts Hardhöhe, wo die Schweden ein weiteres Lager errichtet hatten. Ein drittes befand sich im Nürnberger Stadtteil Gostenhof (Bärenschanzstraße). Wenden wir den Blick nach Westen, liegt direkt vor unseren Füßen der Lagerplatz Wallensteins. Diese Schanze war so weitläufig angelegt, dass sie neben den 50.000 Soldaten 15.000 Pferde und einen 30.000 Personen starken Tross aufnehmen konnte.

Kloakenreiniger

Friedrich Schillers Wahrheitslücke

Eltern zufolge wiegt das Abitur deutlich mehr als ein Stückchen Papier. Wer es hat, hält den Schlüssel zum Treppenhaus des beruflichen Aufstiegs in der Hand. Deshalb nehmen Gymnasiasten seit Generationen einen hohen Leidensdruck in Kauf. Wenn die Pubertät ihre Körper mit Hormonen flutet und sich ein breites Spektrum an Nebenwirkungen ausdifferenziert, darunter dumme Sprüche, Desinteresse und Müffeln, sind sie ihren Paukern nicht mehr einzeln und namentlich bekannt. Sie sind jetzt nur noch ihre Pappenheimer.

Was der Jugend bei der Lektüre von »Wallensteins Tod« verheimlicht wird: Friedrich Schiller hat den berühmtesten seiner Sätze gar nicht selbst erfunden. Zumindest in Nürnberg war er schon lange in aller Munde, als sein Drama 1799 seine Uraufführung erlebte. Beim einfachen Volk. Wenn sich dort der Kaiser und seine Fürsten zum Reichstag trafen, wollten sie, dass es um sie herum nicht zum Himmel stank. Deshalb fiel einem aus ihrer Mitte die Aufgabe zu, vorher aufzuräumen. Wallensteins bei Schiller persönlich gar nicht anwesender Kampfgefährte Gottfried Heinrich Graf zu Pappenheim (1594–1632) hatte im wirklichen Leben so lange Eimer um Eimer in die Sickergruben zu tauchen, die Sammelbecken für feste und flüssige Abfälle aller Art, bis sie leer geschöpft waren, und die Straßen Nürnbergs vom Kot zu befreien, den Tier und Mensch einfach so fallen ließen. Als Stammhalter des Adelsgeschlechts der von Pappenheim, das dem Städtchen ganz im Süden von Franken seinen Namen gegeben hat. Selbstredend, dass er nicht selbst Hand anlegte.

Man will sie sich gar nicht vorstellen: eine Deutschstunde, in der der Lehrer einmal mehr seine Klasse wissen lässt, dass er seine Pappenheimer ja kennt. Worauf aus der hintersten Bank folgender, in allen Punkten wahrheitsgemäßer Satz nach vorne geworfen wird: »Ich auch. Aber bei uns in Nürnberg nennt man diese Leute Kloakenreiniger.«

Leben im Fluss

Lohnt ein Besuch?

Uralt, überschaubar klein, von einer halb verfallenen Burg bewacht, mit Kleinoden aus elf Jahrhunderten gespickt, auf drei Seiten von einem Flüsschen eingerahmt, auf dem man gemütlich paddeln kann, und in eine Landschaft eingebettet, die alle Vorzüge der Alpen in sich vereint, in der aber keine hohen Berge die Sicht verstellen. Pappenheim, mit dem Verlust des politischen Einflusses des gleichnamigen Adelshauses Anfang des 20. Jahrhunderts ins Abseits der Geschichte geschoben, ist schlichtweg großartig.

Was sollte man gesehen haben?

Als die Nürnberger irgendwann um den Ausklang des Mittelalters herum meinten, die Pappenheimer in Kloakenreiniger umtaufen zu müssen, waren sich die Einwohner der ungleich großen Städte noch nie bewusst begegnet. Für das schmutzige Geschäft heuerten die von Pappenheim dort Tagelöhner an, wo die hochwohlgeborenen Tagungsteilnehmer später die Straßen sauberen Fußes überqueren wollten. Ihre eigenen Leute hätten erst einmal eine vier Tage dauernde Reise hinter sich bringen müssen. Das erklärt, weshalb sich dieser Spottname nur im Nürnberger Raum verbreiten konnte. Von ihren direkten Nachbarn müssen sich die Pappenheimer als Backtrogschützen verunglimpfen lassen. Spazieren wir doch an der **Altmühl** um die Stadt, um uns das Warum vor Augen zu führen. Als ein Hochwasser den Fluss wie in jedem Frühjahr in einen schier endlos langen See verwandelt hatte, tauchte ein Untier auf, groß wie ein Nilpferd, aber mit Hörnern. Alle Versuche scheiterten, das Monstrum lebend zu fangen. Weil den Pappenheimern die Knie schlotterten. Man hatte keine Wahl, überzog die Altmühl mit einem Kugelhagel. Vorsorglich stellte man weiterhin Wachen auf. Aber man war wohl erfolgreich. Als die Fluten abflossen, stellte sich heraus, dass man einen Backtrog durchlöchert hatte. Irgendwo flussaufwärts muss ihn die Strömung mit sich gerissen haben.

Teppichleger

Wo man Grafen in den Dreck zieht

Der Franke hat einen Sprachfehler. Er kann das P nicht artikulieren. In seinem Mund wird der Baum zur Babbel, der Vogel zum Brachtbabbagei. Vergeblich haben ganze Generationen den Marktfleck Plech im Atlas unter B nachgeschlagen. Weil deshalb Zweifel an seiner Existenz bestehen: Plech liegt im felsenreichen Veldensteiner Forst – und wird auch von den nicht ganz 1.000 Einwohnern wie dünn ausgewalzter Stahl ausgesprochen.

Schmuckstück des Orts ist die klassizistische Kirche St. Susanne beziehungsweise ihr Altar. Dessen Blickfang ist eine Kartusche mit dem Monogramm A.M.Z.B.B.Z.N. Es steht für Alexander, Markgraf zu Brandenburg, Burggraf zu Nürnberg. Die Buchstabenfolge ist so angebracht, dass die Gläubigen nicht wirklich zum Herrgott, sondern zu einem ihrer einstigen weltlichen Herren beten. Stehen sie in seiner Schuld?

Besuche des Adels in Plech sind wiederholt derart schiefgegangen, dass

ein ungeheurer Verdacht in der Luft liegt: Renitente Untertanen haben sie mutwillig sabotiert! Einmal, als die Brücke gerade renoviert wurde, soll man zwei Pferde in den Fluss geführt und Bretter auf ihre Rücken gelegt haben. Die Konstruktion geriet ins Schwanken, der hohe Herr fiel ins Wasser. Obwohl gar kein Fluss durch Plech fließt, wird das dort noch heute erzählt. Ein andermal wollten die Plecher für den Allergnädigsten den Weg zum Rathaus mit Teppichen auslegen. Sie hatten aber nur einen einzigen. Den wollten sie in dem Moment, in dem der Herr mit nur noch einem Fuß Kontakt hielt, von hinten unter ihm durchziehen – genau dann, wenn er zur nächsten Schrittfolge ansetzte. Das ging auch erst einmal gut. Bis es dem Regenten dann doch die Beine wegzog. Geistesgegenwärtig griffen die Plecher zu. Als wäre der Teppich ein Sprungtuch, fingen sie den Markgrafen auf, und als hätten sie es genau so geplant, trugen sie ihn den Rest des Wegs. »Bassd scho«, dürfte der sich gefreut haben.

... die dritte Schandtat folgt sogleich

Lohnt ein Besuch?

Weshalb die Orte um Plech herum eine Augenweide sind, Plechs Bauherren mit Ästhetik aber immer arg knapp gehaushaltet haben, erklärt eine Vielzahl an Kriegen und Großbränden. 1631 und 1673 fraßen Feuer den Markt, 1796 und 1806 melkten fremde Armeen seine Kassen. Nur weil Plech an jener Autobahnabfahrt liegt, die zum schönsten Flussabschnitt der Pegnitz führt, ihrem tief in die Hersbrucker Schweiz eingeschnittenen Tal, ist es dennoch auf keinen Fall verkehrt, kurz dort vorbeizuschauen. Es kann ja zügig weitergehen. Neuhaus, das Tor zum Paradies, ist nur drei Kilometer entfernt. Dahinter locken auf 20 Kilometern Kletterfelsen, Höhlen, Bootsverleihe, wilde Natur und Romantik, Biergärten und sportliche Spaziergänge.

Was sollte man gesehen haben?

Luthers Lehre hat auch die Art und Weise, wie das Innere einer Kirche zu gestalten sei, reformiert. **St. Susanne** in Plech ist ein Paradebeispiel für die innenarchitektonisch korrekte Übersetzung der protestantischen Ideale. Im Gegensatz zu anderen evangelischen Gotteshäusern wurde hier nicht ein vormals katholischer Raum umfunktioniert. 1779 riss man den Vorgängerbau ab, der Bayreuther Hofbaudirektor Johann Gottlieb Riedel konnte von Grund auf neu denken, platzierte die Kanzel dort, wo die Katholischen eine Kreuzreliquie aufbewahren würden, und zog Emporen ein (täglich ganztägig geöffnet). Unterhalb der Kirche feiern die mit Selbstironie gesegneten Plecher mit einem **Denkmal** eine weitere höchst peinliche Episode aus ihrer Geschichte. Dereinst haben die Tebbichleger den Versuch unternommen, durch Ausbrüten eines Eis zu einem neuen Pferd zu kommen. Geschlüpft ist aber nur ein Hase. Deshalb müssen sie sich auch als »Heinsel« – hochdeutsch: Fohlen – verspotten lassen. Für Film- und Foto-Freaks interessant: das **Kameramuseum** (Schulstraße 8, So 11–17 Uhr, im Sommer Sonderöffnungszeiten).

Büttnerhannesn

Kruzitürken verboten

In der Nacht auf den 24. Juni geht in Franken kein Kind früh ins Bett. Zumindest auf den Dörfern. Vormittags ziehen die Kleinen von Haus zu Haus, jeder gibt ein paar große Scheite Holz. Sie werden außerhalb des Orts aufgeschichtet. Wenn es gegen 21 Uhr dunkel wird, wählen die Dörfler einen Johannes. Ihm fällt die Ehre zu, den Holzstoß zu entzünden. Denn seit der Christianisierung ist das Sonnwendfeuer nach jenem Heiligen benannt, von dem sich Jesus im Jordan taufen ließ.

Überall war (und ist) das Brauch. Außer im Pleinfeld, einem unscheinbaren Marktfleck 50 Kilometer südlich von Nürnberg. Noch in den 1970er Jahren soll man dort den Schutzpatron der Steinmetze beiseitegeschoben haben. Für den Geschmack der Bauern aus den Nachbardörfern war der Heilige, den man an seinen Platz rückte, doch ein wenig zu sehr dem Weltlichen zugetan. Irgendwann im Lauf des Tages schlenderten die Pleinfelder zum Friedhof. In kleinen Gruppen. Oder

allein, um nicht als neugierig zu gelten. Und jedes Mal war es passiert: Unbekannte hatten das Grab des größten Sturkopfs und Hallodris, den Franken je gesehen hatte, herausgeputzt und mit frischen Blumen geschmückt. Wer? Dieses Geheimnis sollte nie gelüftet werden.

Mehr als der Name ist über den Mann, der im Umland einen derart schlechten Eindruck hinterließ, dass die Pleinfelder ihren Spitznamen weghatten, heute nicht mehr in Erfahrung zu bringen: Büttner, Johannes. Die Einheimischen können oder wollen keine Auskunft über ihn geben, das wenige, das schriftlich überliefert wurde, zeichnet kein scharfes Bild. Schlicht soll sein Oberstübchen eingerichtet gewesen sein. Zwei linke Hände soll er gehabt haben. Lebensdaten? Eine 1911 erschienene Sammlung von Schelmenstreichen kennt einen Bürgermeister, den seine Pleinfelder Krutiputzi nannten, weil er ihnen verbot, Kruzitürken zu fluchen. Er und der Büttner Hannes sollen Zeitgenossen gewesen sein.

Viele Wege führen zum großen See

Lohnt ein Besuch?

Sandige Böden, viel zu wenig Regen. Mit weiten Teilen Mittelfrankens hat es der Herrgott nicht gut gemeint. 1970 beschloss der Bayerische Landtag, in seine Schöpfung einzugreifen. Westlich von Pleinfeld wurden Seen angelegt, dank denen die Nürnberger ganzjährig ihre Duschen benützen und obendrein ihre Sommer am und auf dem Wasser verbringen können, ohne dass sie dazu bis ins Alpenvorland hinunterfahren müssen. Bis dahin wäre niemand auf die Idee gekommen, Pleinfeld einen Besuch abzustatten. Früher war eben doch nicht alles schlecht.

Was sollte man gesehen haben?

Als handle es sich um eine richtige Stadt, war Pleinfeld in früheren Zeiten von einer Mauer umschlossen. Wäre nicht zumindest eines der Tore erhalten geblieben, würde man sich fragen, ob das schon der Ortskern ist. Der Marktfleck wirkt, als hätte dort ein riesiges Huhn herumgescharrt und nach den Häuschen gepickt, weil es sie mit Körnern verwechselte. Folgendes zur Warnung: In der erwähnten Sammlung von Schelmenstreichen, die der 1860 in Höchstädt an der Donau geborene Volkskundler Franz Joseph Bronner zusammengetragen hat, ist für Pleinfeld der Spitzname Haderer vermerkt. Der Ort galt als streitsüchtig, selbst bei einem nichtigen Sachverhalt strengten seine Bewohner einen Hader an, einen Gerichtsprozess. Nicht hereinfallen sollte man auf das Versprechen, dass es beim Ortsteil Dorsbrunn einen Wachposten zu entdecken gäbe, den die Römer um 260 nach Christus zum Schutz der Nordgrenze ihres Imperiums hochzogen. Nachdem die Turmstelle Wp. 14/20 archäologisch untersucht worden war, wurde sie 1987 »teilweise rekonstruiert«. Was man zu sehen bekommt? Nennen wir es eine mit 5,4 × 6,4 Metern Umfang sinnfreie, vor allem aber deutlich zu niedrig geratene Version einer schmucklosen Friedhofsmauer. Tipp: Zum **Großen Brombachsee**, dem Sommerjacuzzi der Nürnberger, führt auch ein Weg an Pleinfeld vorbei.

Ölpumper

Manchmal will man nichts Genaues wissen

Es kommt vor, dass sich der Franke selbst als zu bösartig empfindet und sich läutern will. Für diesen Fall hält sein kollektives Gedächtnis die Möglichkeit bereit, einen Spottnamen falsch zu überliefern, um ihn unkenntlich zu machen.

Wie viele Dörfer hatte sich einst auch Redwitz an der Rodach in mehrere seiner Spitznamen verliebt. Nur einer davon wird noch heute lebendig gehalten. Er reduziert die Einheimischen auf das Jahr 1843, das ihnen das Ende ihrer Armut versprach. Damals bohrte sich einer ihrer Brauer einen neuen Brunnen. Und stieß auf Petroleum. Man pumpte ab, was die Gefäße fassen konnten, und informierte die Zeitung.

Nur ein Redwitzer wollte nicht recht in den Freudentaumel einstimmen, verdiente er sein Geld doch damit, dass er mit diesem Brennstoff handelte. Der Nachbar des Brauers. Erst wenige Tage zuvor hatte er seinen Lagerkeller auffüllen lassen ... Ein Blick in die Ortschronik legt nahe,

dass er Koppel Gütermann hieß und dass die Redwitzer bis heute gern über die Geschichte mit seinem angebohrten Vorrat lachen, weil sie darin so harmlos wie Kinder wirken. Koppel war Jude. Wie ein Viertel der Redwitzer. In der Nacht auf den 13. März 1848 bedrohte ein Pogrom sein Leben. Wenig später überließ er das Feld seiner christlichen Konkurrenz.

Weil die Redwitzer einmal einem Wildschwein Hufeisen verpasst haben sollen, ließen sie sich einst einen zweiten Spottnamen gefallen: Saubeschlager. Heute mögen sie ihn gar nicht mehr. »Beschlagen« bedeutet in der Jägersprache, dass ein Keiler eine Bache begattet. Die Zweideutigkeit dieses Worts wurde von den Dichtern der Schnurre bewusst gesetzt. Indem sie ausgerechnet dieses Tier, das ja gar keine Hufe hat, an die man ein Fußeisen anpassen kann, in einen schlüpfrigen Kontext setzten, bedienten sie antisemitische Ressentiments, die ganz genau verstanden wurden. Für Juden ist das Schwein das Unreine schlechthin.

Eine rare Schönheit

Lohnt ein Besuch?

Die nahe Bilderbuchkulisse des mittelalterlichen Kronach, das schier endlos weite Wanderparadies Frankenwald und die Augenweide des barock bierseligen Maintals beim nahen Bad Staffelstein – es gibt so viele Gründe, weshalb man an Redwitz immer nur vorbeifährt. Dabei versammelt das im 13. Jahrhundert erstmals urkundlich erwähnte Dorf eine so angenehme Melange aus Schönem und Absonderlichem, dass es mindestens den Status eines Geheimtipps verdient hat. Das weitgehend unangetastete Ortsbild fällt schon deshalb aus dem Rahmen, weil es fast ganz ohne Fachwerkromantik auskommt – Dorfarchitektur des 19. Jahrhunderts. In dieser Dichte eine echte Rarität: der Charme des nicht Restaurierten, sondern nur Erhaltenen, hier und da garniert mit der Schönheit des Verfalls. Während man durch die Gassen schlendert, wird man von einem beschaulichen Schloss bewacht, es hat auch das Flüsschen Rodach stets im Blick, das sich unterhalb ein tiefes Bett gegraben hat.

Was sollte man gesehen haben?

Egal, ob man dem heute gut 3.300 Einwohner großen Dorf nur eine kurze Aufwartung machen oder einen Wandertag widmen will, Ausgangspunkt ist immer der **Marktplatz**, der historische Ortskern. In einem Radius von 200 Metern findet man dort alles, was man gesehen haben muss. Hervorragend: **Detailverliebte Infotafeln** an den wichtigeren Gebäuden, die die Ortsgeschichte offenlegen, erzählen auch von ehemaligen Brauhäusern und vom lokalen Exportschlager, aus Weiden geflochtenen Körben. Ohne die Erklärtexte würde man keine Zeugnisse der jüdischen Gemeinde finden, die Synagoge existiert nicht mehr, einen jüdischen Friedhof gab es nie. Hinter dem **Schloss** verwöhnt die **Gutshofschänke** mit gehobener fränkischer Küche (Kirchberg 24, www.gutshofschaenke.de). Am Marktplatz startet auch ein empfehlenswerter **Rundwanderweg durch das Auen- und Seenbiotop** unten an der Rodach (5,3 Kilometer, Wegzeichen B).

Das fränkische Schilda

Jeden Tag ein bisschen dümmer

Unfreiwillig liefert ein kleines Dorf bei Forchheim die Antwort auf ein paar Fragen, die sich dem aufmerksamen Leser schon seit etlichen Seiten stellen dürfte: Wie dumm können Menschen eigentlich sein? Gibt es da eine Obergrenze? Und zweitens: Sind die bösen Worte, mit denen die Franken ihre Nachbarn quälen, wirklich aus dem Volk heraus entstanden? Oder hat sie doch eine Autorität so lange ihren Tölpeln vorgekaut, bis sie ihnen in Fleisch und Blut übergegangen sind? Ähnlich wie der Pfarrer das Ave Maria, mit dem man früher die Kochzeit von Eiern gemessen hat: zwei Gebetsdurchgänge für weich, vier für wachsweich und sechs für hart.

Im Fall des Forchheimer Außenstadtteils Reuth war die Autoritätsperson der Dorfpfarrer. 1889 und damit zu einer Zeit geboren, in der die erste Generation der Heimatforscher die Region längst nach Sagen, Schelmengeschichten und Spitznamen abgesucht hatte, musste sich Hans Jann etwas einfallen lassen.

Möglicherweise hat er jedem ein Bier ausgegeben, der ihm bestätigte, dass seine Reuther schon immer blöder waren als andere. Dann hätte es sich für seine Schäfchen ausgezahlt, ihm nicht nur ein Mal einen Bären aufzubinden.

1933 konnte Jann die Fachwelt mit einer Sammlung von hochnotpeinlichen »Reuther Stücklein« mächtig beeindrucken. Leider finden sich fast alle der drei Dutzend Maximaldummheiten bereits in Büchern, die lange zuvor veröffentlicht wurden, und werden dort anderen Orten zugeschrieben. Etliches hat Jann ungeniert aus den Schildbürgerstreichen übernommen. Aber so genau wollte man das in Reuths Nachbardörfern gar nicht wissen. Dort hatte man jetzt die Wahl, worüber es sich schepps zu lachen lohnte. Beispiel: Bei der Kirchweih fixierten die Reuther ihren Deckstier auf einem Karussell, damit er auch seinen Spaß hatte. Da es in Reuth nichts zu sehen gibt, nutzen wir die nächste Seite, um uns den Lästermäulern anzuschließen.

Auf den Vogel gekommen

Lohnt ein Besuch?

Tag für Tag quälen sich 10.000 Fahrzeuge durch den Ortskern von
Reuth, das wahrlich bessere Tage gesehen hat. Wo sich die Blech-
lawine einer Ampel wegen ständig staut, haben die Einwohner ihrer
Blödheit ein Denkmal gesetzt. Ein bronzener Vogel soll an ihren Pfarrer und Heimatdichter erinnern und dafür sorgen, dass jenes Wort,
das man ihnen von alters her hinterherruft, auch morgen in aller
Munde ist: Kuckuck.

Was sollte man gesehen haben?

Bei Jann erzählt eine ganze Reihe von Geschichten, wie sich die Reuther den Spottnamen Kuckuck eingefangen haben. Eine ist mit dem
Kuckuck von Kemmern (siehe dort) identisch. Eine andere weiß, dass
in Reuth einst eine Burg stand, die einem von Guck gehörte. Nachdem sie abgebrannt und der hohe Herr weggezogen war, foppte man
die Zurückgebliebenen mit dem Spruch: »Guck, guck, wo ist das
Reuther Schoss?« In einer weiteren Version setzt Jann voraus, dass
die Reuther nicht wussten, was ein Kuckuck noch ist – außer einer
Beleidigung. Als einer der Dörfler einen verletzten Vogel aus dem
Wald mit nach Hause nahm, spottete das Federvieh unentwegt. Man
bestrafte es für seine Kuckuck-Rufe, indem man es des Ortes verwies.
Die wahrscheinlichste Entstehungsgeschichte fehlt bei Jann und
ist weit weniger lustig: Im Mittelalter saß in Reuth ein Gericht, das
auch für die Kirchehrenbacher zuständig war. Weil diese ihren Pfarrer ermordet hatten, sollte jeder Zwölfte von ihnen gehängt werden.
Nachdem sie der Richter abgezählt hatte, riefen ihm die Verschonten
Kuckuck hinterher. Laut Jann vergaßen die Reuther die Fenster, als
sie ein Haus bauten. Sie beschlossen, das Sonnenlicht mit einem Sack
hineinzutragen. Als eines Nachts der Mond so blass wie ein Fieber-
kranker war, versuchten sie, mit einer Leiter zu ihm hinaufzusteigen
und ihn mit Leinöl einzureiben. In einem Winter froren ihre Frauen
beim Ratschen am Dorfbrunnen fest.

58 | Riegelstein (Betzenstein)

Eselshenker

Seine letzte Tat war voll der Mist

In Friedensjahren mag es ein großes Glück gewesen sein, wenn man an einer Handelsstraße lebte. Denn dann konnte man Fuhrleute mit derselben Selbstverständlichkeit melken wie ein Bauer seine Kühe. Leider verwandelten sich dieselben Wege in schlechten Zeiten in Aufmarschrouten der Heere.

Ein solches bemerkte man in Riegelstein, einem heute 80 Einwohner kleinen, nach Betzenstein eingemeindeten Dorf, 1642, in der Endphase des Dreißigjährigen Krieges, auf sich zulaufen. Auf der Straße von Nürnberg nach Leipzig. Jeder, der »ein Paar gesunde Beine hatte«, packte das Nötigste und versteckte sich im Wald. So erzählt es eine Sage, deren Überlieferung mal dem Heimatforscher Ernst Knoth, mal seinem prominenteren Kollegen Hanns Seibold zugeschrieben wird. Dass der Schulze, der Verwalter des Grundherrn, auch eines seiner Tiere in Sicherheit bringen wollte, war keine gute Idee. Denn sein Esel kam ihm aus und trabte zurück ins Dorf zu seinem gewohnten Zuhause. Dort traf er auf die Fremden. Die ihm gar nicht gefielen. Er machte wieder kehrt – und die Soldaten mussten ihm nur folgen, um sich ein paar Riegelsteiner zu fangen, aus denen sich Beute herausfoltern ließ. Um einiges reicher zogen sie ab. Auch den Esel nahmen sie mit. Nur zwei Tage später war er zurück. Mit Mühe brachte der Schulze die Riegelsteiner davon ab, den Verräter augenblicklich zu erschlagen. Man war ja zivilisiert. Also musste man dem Tier den Prozess machen. Gründe, weshalb es sich den Tod durch Erschießen verdient hätte, ließen sich keine finden. Folglich lautete das Urteil: erhängen!

»Als sie den Esel« dann »am Galgen hochzogen«, streckte er ihnen frech die Zunge entgegen und bewies ihnen im wahrsten Sinn des Wortes, dass er auf sie scheiße. »Nun konnten sie ihren Zorn aber nicht mehr bändigen! Sie stürmten den Galgen, rissen den Esel herab, und einer schlug ihm mit dem Schwert den Kopf ab.« Tut das nicht weh?

Im Wald des permanenten Rauschens

Lohnt ein Besuch?

Historisch betrachtet liegt Riegelstein zwei Tagesetappen nördlich von Nürnberg. Etliche unserer heutigen Autobahnen folgen uralten Handelsrouten, so auch die A9. Das Dorf ist so klein, dass es nicht auf jeder Landkarte eingezeichnet ist. Es findet sich an der Umleitungsstraße, auf die man geleitet wird, wenn zwischen den Abfahrten 46 und 47 wieder einmal Vollsperrung herrscht. Obwohl der Ort wahrlich bessere Zeiten gesehen hat, lohnt es sich, für einen Spaziergang vorbeizuschauen. Hobby-Kletterer bringen mehr Zeit, vor allem aber ihre Ausrüstung mit.

Was sollte man gesehen haben?

Niemand käme beim Anblick der heutigen Mini-Siedlung auf die Idee, dass Riegelstein in seinen jungen Jahren hoffnungsfroh in die Zukunft blickte. Das Dorf entstand zu Füßen einer Burg, die sich das Adelsgeschlecht der Türriegel von Riegelstein zu Beginn des 13. Jahrhunderts als ihren Stammsitz bauen ließ. Weil es einfach Spaß macht, so eigensinnig wie ein Esel zu sein, gehen wir davon aus, dass sich die Riegelsteiner 1642 dort versteckten. Das dürfte so wenig der Wahrheit entsprechen wie die Hinrichtung des treuen Grautiers. Aber waren Burgen nicht immer auch dafür da, die Bevölkerung in Notzeiten aufzunehmen? Die **Ruine** liegt etwas außerhalb – man folgt jenem Weg, der parallel zur Autobahn aus dem Dorf hinausführt. Wenn er in den Wald eintaucht, steigt zur Linken ein Berg an. Die zweite Felsformation ist unser Ziel. In sie war die Feste hineingebaut. Wir müssen quer durchs Gelände hinauf, finden ein **unscheinbares Mauerrestchen und einen tiefen Graben.** Mehr nicht. 1642 zerstörten Katholische die Burg. Nachdem eine andere Soldateska 1703 das Dorf niederbrannte, wurden ihre Steine dort gebraucht. Kletterhaken verraten, wofür der Burgfels heute genutzt wird. Ein magischer, kurioser Platz. Nie macht das Rauschen der Autobahn eine Pause.

Kümmerleshoikn

Auf dass sie richtig sauer werden

Ende 2016 schockierte die regionale Tageszeitung die 4.500 Einwohner von Sennfeld. 600 Jahre zuvor hatten ihre Vorfahren damit begonnen, auf ihren exquisiten Böden Gemüse anzubauen. Sie karrten es durch eine Furt, die so flach war, dass man dort sogar Schweine durch den Fluss treiben konnte. Der Übergang ist längst verschwunden. Der erste Namensteil der Stadt am anderen Ufer geht in Wahrheit auf ein altes Wort zurück, das eine natürliche Drainage bezeichnete. Es steckt auch in Saumain, dem Namen eines Altarms, der Sennfeld von Schweinfurt trennt.

Der Feinkost-Produzent Kühne, so der Zeitungsbericht, habe sich entschieden, seine Anbauverträge mit den Sennfelder Gärtnern zu kündigen und kleine Gurken künftig aus Bosnien zu beziehen. Begründung: der auf ihn abgewälzte Mindestlohn. Der Anfang vom Ende einer langen Erfolgsgeschichte. Von frischem Salat konnte man noch nie reich werden. Mitte des 19. Jahrhunderts begannen sich die Sennfelder deshalb auf Gurken zu konzentrieren, denn die ließen sich noch Monate nach ihrer Ernte zu einem aparten Preis verkaufen und obendrein in alle Welt exportieren, sofern man sie fachgerecht behandelte. Letzteres übernahmen die Gebrüder Hirsch. Das wichtigste Produkt ihrer Fabrik für Essiggurken: die Variante süß-sauer, die sie 1854 erfanden. Wo vormals das Kraut gelber Rüben in die Höhe schoss, wuchsen nun kümmerliche Haken – Freilandgurken, die umso besser entlohnt wurden, je kleiner sie geblieben waren.

In Wahrheit geht der zweite Teil des bösen Namens Kümmerleshoikn, den die Schweinfurter ihren Frischelieferanten verpassten, auf ein Dialektwort zurück. So wie bei den Hebbahoikern, den Bewohnern des Prichsenstadter Ortsteils Bimbach, die mit Ziegen handelten. Kümmerli, das regionale Wort für Gurken, ist eine Verfränkischung der altdeutschen Bezeichnung Kukumer. Die Traditionsmarke Kühne zog in den Sechzigern auf das Hirsch'sche Areal.

Freibadspaß mit Heilwasser

Lohnt ein Besuch?

Als in den letzten Jahren des Zweiten Weltkriegs Bomberpiloten zunehmend auch die Industriestadt Schweinfurt ins Visier nahmen, müssen einige von ihnen betrunken gewesen sein. Anders lässt sich nicht erklären, dass sie ihre tödliche Fracht auch auf Sennfeld niederregnen ließen. Sehens- oder besser gesagt erlebenswert ist das Dorf der Gärtner nur an seinem äußersten Rand. Dort beginnt der Sennfelder Seenkranz, ein weitläufiges Naturreservoir, das sieben Altarme des Mains umfasst und den Einheimischen im Sommer auch zum Schwimmen dient. Packt die Badehose ein! Der Ortskern selbst ist eine mit niedrigen Häusern vollgestellte Ödfläche, durch die Furchen gezogen wurden. Angeblich sollen es Straßen sein.

Was sollte man gesehen haben?

Sennfelds Riviera, das **Naturfreibad**, liegt am Dorfsee, der von Westen her bis an den Ortskern heranreicht (Schweizerstraße 40a, Mai–Aug. täglich ab 10 Uhr, mit Umkleiden, Duschen und Kiosk). Er wird von **warmen Quellen** gespeist, weshalb man bis in die 1950er versuchte, alteingesessenen Heilbädern Konkurrenz zu machen. Nördlich der Badestelle wird nach wie vor im großen Stil Gemüse angebaut, noch trotzen fünf Gärtnereien dem Preiskampf, den die Einführung des gesetzlichen Mindestlohns auch für Erntehelfer nach sich gezogen hat. Entstanden ist das schmale Naturparadies des Seenkranzes durch den fortlaufenden Versuch des Menschen, den wild mäandernden Fluss, der sich ständig neue Windungen in die Landschaft grub, zu zähmen und dauerhaft in ein Bett zu zwingen. Es lässt sich zu Fuß gut erkunden. Am gravierendsten waren die Eingriffe des 19. Jahrhunderts. Bis dahin wurde der Main nur von kleinen Kähnen und von Flößen befahren, die kaum Tiefgang hatten. Damals gingen die Ingenieure zudem davon aus, dass eine Begradigung die Dörfer und Städte an seinen Ufern vor Hochwasser schützen würde. Sie irrten sich gewaltig.

Katzenköpf

Die größte Angst der Abstinenzler

Wer sich im Supermarkt wie ein Ochse vorkommt, weil für ihn das Weinregal ein Berg von Fragezeichen ist, kann sich an den Namen der Lagen orientieren. Je kurioser sie sind, desto leckerer ist auch das Tröpfchen. Beispiele: Wurtzgarten, Eselshaut, Nacktarsch und Krötenpfuhl.

Katzenkopf heißt eine der besten Lagen Frankens. Sie streckt sich nördlich des Dörfchens Sommerach der Sonne entgegen. Aber sie ist auch dafür verantwortlich, dass man sich in den Nachbarorten an einen Stubentiger erinnert fühlt, wenn man mit einem Sommeracher am Wirtshaustisch sitzt, ihm in seine Visage blickt.

Wie beide, der Berg und seine Winzer, zu ihrem tierisch bösen Namen kamen, konnte nie geklärt werden. Generationen von Heimatkundlern haben in Archiven und Bibliotheken Hunderte Regalkilometer nach verlässlichen Informationen durchsucht. Dennoch sind nur Ammenmärchen im Umlauf. So soll einst eine Nürnberger Familie namens von Katz einen Teil des Berges besessen haben. Dumm nur, dass es dieses Patriziergeschlecht nicht gab. Der Herr von Katz stammt aus dem Coburger Raum, er ist eine reine Sagengestalt.

Als sich die Sommeracher Winzer 1901 zu einer Genossenschaft zusammenschlossen, erklärte ihr Bürgermeister Vinzenz Weickert, dass er in einer Ortschronik fündig geworden sei. 1680 habe ein Nürnberger Händler namens Kraft seinen Vorgänger Hans Jörg Fegelein besucht und sich für ein Fass entschieden, das mit einem geschnitzten Katzenkopf verziert war. Ausgerechnet dieser Foliant ist bis heute verschollen. 1900 erschien in der Zeitschrift »Bayerland« ein Gedicht des Würzburger Mundartdichters Alois Josef Ruckert. Es erzählt von einem Weinbauern, der alle paar Stunden in den Keller ging, um sich den Tag schön zu trinken. Seiner Käthe gefiel das nicht. Sie stellte eine ausgestopfte Katze auf das Fass. Zu Tode erschrocken, sackten ihrem Erich die Beine weg. Von da an rührte er keinen Tropfen mehr an.

Leben wie Gott in Franken

Lohnt ein Besuch?

Sollte Gott das Unglück widerfahren, dass er aus dem Paradies der Gourmets vertrieben wird, könnte er dennoch ein Leben wie in Franken führen. Er müsste sich nur nach Sommerach durchschlagen. Dort würde man ihm sicher Asyl gewähren. Das Winzerdorf am Fuß des Katzenkopfs ist eine der schönsten Landidyllen Frankens, Bayerns, ja von ganz Deutschland. Romantik at its best! Plus Genussstufe: High End. So viele edle Stöffchen, wie es hier zu entdecken gibt, kann nicht einmal der Allmächtige in sein Inneres hineinfüllen.

Was sollte man gesehen haben?

Sommerach macht es uns einfach. Damit die Besucher nicht lange nach jenem Tröpfchen suchen müssen, das nur für ihren ganz speziellen Gaumen gekeltert worden zu sein scheint, haben die Winzer in der alten Dorfschule eine Genusszentrale eingerichtet. In der **Vinothek** bekommt man neben einem Gläschen Weißen oder Roten alle Informationen, die den Ausflugstag zu einem kulinarischen Rundum-Erlebnis machen (Kirchplatz 3, März–Dez. Mo–Fr 14–18 Uhr, Sa, So, Feiertag 11–18 Uhr). Hiernach sollte man sich unbedingt erkundigen: **Spazierwege durch die Weinberge**, welche Sommeracher Winzer aktuell welche Sorten im Ausschank haben und wo im Ort man sie findet. Und: welche Winzer gerade an der Reihe sind, eine **Heckenwirtschaft** zu betreiben, einen temporären Weinausschank. Wer den Fehler macht, zu wenig Zeit mitzubringen, kann sich auch einfach nur durch die von schnuckeligen Fachwerkhäusern und barocken Hofstellen gesäumten Gassen treiben lassen, egal, welchen Weg man einschlägt, man stolpert von einer Probiertheke zur nächsten. Auf keinen Fall verlassen sollte man den Ort, ohne sich im urigen, gut 300 Jahre alten **Gasthaus Zum Schwan** die perfekte Kombination aus traditioneller Küche und einem Viertel vom Katzenkopf gegönnt zu haben (Hauptstraße 10, täglich 11.30–14.30 und ab 17.30 Uhr, Nov.–April Mi Ruhetag).

Schlotenscheißer

Augen zu und Hosen runter

Wenn im oberbayerischen Schrobenhausen die Spargelsaison eröffnet wird, stinkt es den Alteingesessenen gewaltig. Jedes Jahr. Gut zwei Monate lang werden sich über 2.000 Erntehelfer bis in die Nacht den Rücken krumm machen. »Es lässt sich nicht vermeiden, dass sie in dieser Zeit auch ihre Notdurft erledigen müssen – im Wald oder in angrenzenden Rapsfeldern«, klagte 2017 ein Betroffener der lokalen Tageszeitung. Es stinke »wie in der Kläranlage«, ein Zweiter, »wenn ich dort mit meinem Hund unterwegs bin, frisst der zu allem Überfluss auch noch die Exkremente.«

Aber was geht das die Treuchtlinger an? Weil man dort vor 60 Jahren begonnen hat, je zwei Dutzend fleißige, aber schwielige Hände durch nur einen Traktor zu ersetzen: nichts mehr! Seither sind in ihrer Region die Wiesen und Felder sauber, weil menschenleer. Bereits ein halbes Jahrhundert vor den Landarbeitern waren die Hirten verschwunden, die, ob Sonne oder Regen, mit ihren Schafen in den Auen der Altmühl unterhalb der Altstadt von Treuchtlingen herumstanden. Und mit ihnen ein Nachttopf, der nie von Menschenhand geleert werden musste. 1910 zwang man den Fluss zum Schutz vor Hochwasser in ein schmales, schnurgerades Bett. Wo schon immer dichte, mannshohe Schilfgründe eine Atmosphäre des Privaten geschaffen hatten, in der man gern die Hose herunterließ, wuchsen jetzt nur noch kurze Hälmchen. Bis dahin hatte sich die Brauerei Schäff regelmäßig gezwungen gesehen, ihren Treuchtlingern folgenden Reim zuzurufen: »Heute wird bekannt gemacht, dass niemand in die Altmühl macht! Morgen wird gebraut.«

Schloten, das ist eine alte Bezeichnung für Schilf. Dass in dessen Schutz immer auch natürliches Toilettenpapier zur Hand war, schätzte man vor allem entlang der Altmühl. Als Schlotenscheißer gehänselt werden auch die Ellinger, Dietfurter, Pappenheimer, Solnhofener, Theilenhofener und Trommetsheimer.

Auch Kinder haben Bedürfnisse

Lohnt ein Besuch?

Treuchtlingen gehört zu jenen Städtchen, die sogar die an der Altmühl omnipräsenten Seniorenradwanderer links liegen lassen, hat
aber auch schon richtig gute Zeiten gesehen. 1870 mauserte sich der
verschlafene Marktfleck zu einem der wichtigsten bayerischen Eisen-
bahnknoten, die Einwohnerzahl explodierte. Das taten aber auch
die Bomben, die am 23. Februar 1945 auf den Ort hinunterregneten.
Obwohl der Wiederaufbau gar nicht so schlecht gelang, eines wollte
einfach nicht in das heute gut 12.000 Seelen zählende Häusermeer
zurückkehren: Charme.

Was sollte man gesehen haben?

Obwohl die Altmühl Ende der 1990er mit immensem Aufwand aus
ihrem engen Kanalbett befreit wurde und an ihren Ufern seither
wieder Schloten wachsen, muss man entweder Eisenbahnfreak sein
oder Kinder dabeihaben, damit ein Besuch der Auen unterhalb der
Altstadt Spaß macht. **Kurpark** nennt sich das Areal heute. Die Natur wird dort weiterhin arg diszipliniert; wer nicht zum öffentlichen
Ärgernis werden will, ist gut beraten, sein allzu menschliches Bedürfnisse erst einmal aufzuschieben. Wo die Kleinen ihre Begeisterung
durch Freudenschreie kundtun und Pufferküsser Andachtshaltung
einnehmen, gibt es auch ein WC. Und einen Kiosk mit Biergarten.
1969, ein Jahr nach ihrer letzten Fahrt, wurde die 1937 in Betrieb ge-
nommene **Schnellzuglokomotive 01 220** im Kurpark aufgestellt – ein
Monster von einem Dampfross. Ihren Führerstand zu betreten ist leider nicht erwünscht. Zweiter Tipp für Familien: Die **Altmühl** ist der
am langsamsten fließende und damit ungefährlichste Fluss Bayerns –
und ab Treuchtlingen für **Kanus** schiffbar, die man sich vor Ort aus-
leihen kann. Man lässt sich sieben Stunden treiben, bis Pappenheim,
darf unterwegs selbstverständlich in die Schloten gehen und lässt
sich von dort mit dem Auto zurückbringen (Anbieter-Verzeichnis auf
www.tourismus-treuchtlingen.de).

Russen

Des Königs ganz, ganz böse Buben

Kevins, dumm wie Brot, aber nie um ein freches Widerwort verlegen, die gab es auch im 19. Jahrhundert. In rauen Mengen. Damals minimierten die Namen Max und Ludwig die Chancen, vom Lehrer gerecht behandelt zu werden. Zumindest in jenen Teilen des noch jungen Königreichs Bayern, in denen man lieber weiterhin vom Bischof anstatt von Max I., Ludwig I., dann Max II. und schließlich Ludwig II. regiert worden wäre.

Acht Jahre, nachdem Napoleon das Münchner Herzogshaus als Dank für seine Unterstützung in den Königsstand erhoben hatte, saugten die Wittelsbacher die letzten nicht bayerischen Flecken Frankens so zielstrebig auf wie im Werbefernsehen ein dreilagiges Küchenkrepp eine Pfütze Rotwein. Der Monarch wechselte dazu kurzerhand die Seiten. Als Napoleon am 11. April 1814 abdankte, war für ihn die Angelegenheit Geschichte.

Nicht aber für seine Untertanen aus Uengershausen, einer evangelischen Enklave zehn Kilometer südlich von Würzburg. Jetzt traf bei ihrem Schultheiß, ihrem Bürgermeister Andreas Hofmann, die schlechte Nachricht ein, dass sie ein Regiment russischer Husaren bei sich aufzunehmen hatten, damit es sich von den Schlachten gegen die Grande Armée erholen konnte. Bei freier Kost und Logis. In den katholischen Dörfern der Umgebung fand man das gut. Dort wünschte man sich schon lange, dass Gott eine gerechte Strafe nach Uengershausen schickte. Und wurde endlich erhört. Die Lutheraner hatte einen noch schlimmeren Menschenschlag zugewiesen bekommen als befürchtet.

Am 27. Mai zogen Söldner aus Finnland in Uengershausen ein, das 1808 ins Zarenreich eingegliedert worden war. Dem Weibsvolk ging der Trupp an die Wäsche, die Burschen bekamen ein paar aufs Maul, er nahm sich, was nicht angenagelt war, und fraß den Dörflern das letzte Haar vom Kopf. Als sie sich endlich auf ihren langen Heimweg machten, war Uengershausen um 12.000 Gulden – gut 160.000 Euro – ärmer.

Im Jahre Christi
1814
den 27 Mai bekam das
hiesige Dorf auf 6 Wochen
Kaiserlich Rußische Leib
husaren in Quartier und die
ihr bis 12000 gulden un
kosten machten und an
dieser stelle ihre Badstube
hatten
Zum beständigen Anden
ken ließ dieses nieder sch
reiben
Andreas Hofmann
Schuldheiß

Vor Gastfreundschaft wird gewarnt

Lohnt ein Besuch?

Uengershausen ist eines jener Dörfer, deren knapp 490 Einwohner genau wissen, wie man sich ein Mehr an Lebensqualität verschafft: indem man sich fern aller Überlandstraßen in die Landschaft hineinduckt. Denn nur wer sich gut zu verstecken weiß, hat Chancen, der Lust der Städter am original Rustikalen zu entgehen, und endet nicht als beliebtes Neubauquartier, in dem die Individualhäuser im Toskana-Stil wie die Pilze aus dem Boden schießen. Wer die selbst gewählte Weltabgewandtheit auf sich wirken lassen will, trete bitte sensibel auf. Vor allem aber trage er durch einen Einkauf im Dorfladen dazu bei, dass das hohe Gut des Eigenbrötlerischen unverfälscht erhalten bleibt.

Was sollte man gesehen haben?

Uengershausen ist ein Straßendorf: so schmal, dass man Seitenstraßen bis vor nicht allzu langer Zeit für überflüssigen Schnickschnack hielt – und im Gegenzug in der Länge etwas überdehnt. Von Würzburg kommend, ist unser erstes Ziel der **Dorfladen** (Mo–Fr 7–12.30 Uhr, Di–Fr auch 15–18 Uhr, Sa 7–12 Uhr). Anhand seines Sortiments lernen wir zu unterscheiden, was der Mensch braucht, um glücklich zu sein. Alle Dinge, die wir nicht bekommen, obwohl sie auf unserer Einkaufsliste stehen, sind jenem Ballast zuzurechnen, von dem wir uns befreien sollten. Die Kirche nebenan wurde 1755 gebaut. Dass Uengershausen evangelisch geprägt ist, geht auf einen Herrn namens Wolf Bartholomäus Wolfskeel zu Reichenberg zurück, der um 1580 einen Streit mit dem Würzburger Fürstbischof Julius Echter von Mespelbrunn beendete, indem er mitsamt seinen Untertanen zu den Lutheranern übertrat. Wo die Hauptstraße scharf nach rechts abknickt, hält die **Skulptur eines russischen Finnen** Wache. Ein paar Häuser weiter – es geht steil bergauf – finden wir zur Linken eine **Gedenktafel**, die an die Schreckenstage von 1814 erinnert. Dort hatte sich die wilde Horde eine Sauna eingerichtet.

Damen

Keine Moneten ohne Manieren

»Gute Mädchen kommen in den Himmel«, verspricht ein Ratgeber, mit dem Ute Erhardt 1994 zur Bestsellerautorin wurde. Dorthin wollte sie ihre Leserinnen aber auf keinen Fall auffahren sehen. Im Gegensatz zu Theresia Haselmayr (1808–1878). Diese fast vergessene Vorreiterin der Emanzipation verbot ihren Zeitgenossinnen das Wischen von Fußböden, die noch gar nicht schmutzig waren, mit folgenden Worten: »Wer im Winter solches tut oder anderen befiehlt, versündigt sich gegen das 5. Gebot.«

Theresia Haselmayr trat 1827 den Dillinger Franziskanerinnen bei. Als Oberin des durch die Säkularisation schwer gebeutelten Ordens folgte sie einer ungeheuerlichen, ja revolutionären Vision: Sie wollte, dass Mädchen systematisch lernen, wie man einen Haushalt führt. In Schulen, die sie nur für diesen einen Zweck gründete. Als wäre ein Mädel genauso wichtig wie ein Junge und die Arbeit an Herd und Kindbett ebenfalls eine Entlohnung wert.

In den Jahrzehnten, in denen es mit Haselmayrs Projekt steil bergauf ging, stürzte Weinfranken in eine nicht enden wollende Krise. Die Sommer wurden kalt, Mehltau und zuletzt die aus Amerika eingeschleppte Reblaus vernichteten, wovon die Menschen seit Jahrhunderten gelebt hatten: die Weinstöcke. Man war gezwungen, auf robustere, aber wenig einträgliche Obstsorten wie Quitten umzusteigen.

Den Volkachern, die eine bessere Idee hatten, war es mehr als recht, dass sich Theresia Haselmayr 1860 ihre Stadt für eine Filiale ihrer Mädchenschulen aussuchte. Sie sahen ihr Heil in einem neuen Schrei, dem Tourismus. Nur wusste leider keiner, wie man reiche Großstädter verköstigen, betüddeln und betten muss, damit sie bald wiederkehren. Junge, in Fleiß und Sittsamkeit gedrillte Zimmermädchen, die ihren Knigge aus dem FF beherrschen: perfekt! Ein Gottesgeschenk, für das man sich in den Nachbarorten gern nachpfeifen und »Dame« hinterherrufen ließ.

Der Traum der Trunkenheit

Lohnt ein Besuch?

Obwohl Volkach wenig Chance hätte, den Wettbewerb um die schönste Stadt in Weinfranken für sich zu entscheiden, wimmelt es dort das ganze Jahr über nur so vor Touristen. Der gute Ruf, den sich das von berühmten Lagen umzingelte Zentrum fränkischer Weinkultur im 19. Jahrhundert erarbeitet hat, trägt bis heute Früchte. Natürlich wieder jene, an denen damals Mangel herrschte. Wie in den anderen fränkischen Anbaugebieten kam es auch in Volkach in den Fünfzigern zur Renaissance der Rebe. Alles ist also längst wieder gut. Und weil die meisten Ausflügler gar nicht interessiert, welche Örtchen die Aura vergangener Jahrhunderte noch besser bewahrt haben, werden sie sich auch in Zukunft in Volkach, ein Glas Riesling in der Hand, gegenseitig auf den Füßen herumstehen.

Was sollte man gesehen haben?

Die Schule, die die Dillinger Franziskanerinnen nach vier Jahren Testunterricht an der Volkacher Volksschule 1860 gründeten, gibt noch heute ihr Bestes, um ihre ausschließlich weiblichen Schützlinge perfekt auf eine Karriere in einem der für Frauen typischen Berufe vorzubereiten und fest im Glauben zu verankern. In ihrem Gebäudeensemble lernen heute 360 Kinder und Jugendliche, wir finden es in der kurzen, engen Klaragasse, sie liegt direkt neben der mächtigen gotischen Kirche St. Bartholomäus und St. Georg, einem der historischen Wahrzeichen von Volkach. Im Haus, auf das die Klaragasse zuläuft, das mit einem Glockentürmchen gekrönte **Kloster St. Maria**, leben auch heute Lehrerinnen, die zugleich Schwestern des Ordens sind. Praktisch: Während eines Rundgangs durch die putzige Altstadt – bildhübsch: der wie trunken abfallende **Marktplatz** – kann man sich gläschenweise durch die Kollektionen der lokalen Weingüter trinken. Allerdings kommt man so nicht allzu weit. Gefühlt jedes zweite Haus lockt mit wieder anderen Gewächsen – und alle sind einfach wahnsinnig lecker.

Russen

Soll doch der Osten Osten bleiben

Spaziert man durch die Gassen des Städtchens Wassertrüdingen, des südlichen Sockels des 1939 gebildeten Landkreises Ansbach, spürt man es: Dort war die Welt schon immer in Ordnung! Kam es zu Scherereien, dann, weil man sie vor lauter Langeweile selbst vom Zaun brach. Wie 1623, als man auch mal ein Lichterspektakel erleben wollte, das gelborange-rot auf den Hausfronten züngelt – wozu man zwei Hexen bei lebendigem Leib verbrannte. Wassertrüdingen war über lange Jahrhunderte, was es auch heute ist: eine Stadt, in der nichts passiert. 1371 kam man unter die Herrschaft der Hohenzoller und blieb deren Amtssitz. Quasi für immer.

Nie in Ordnung hingegen war die Welt im zwölf Kilometer östlich gelegenen Marktflecken Weiltingen. Dort hatten die Einwohner ihr Tun und Lassen so oft auf einen neuen Herrscher auszurichten, dass ihnen permanent schwindelig war. Nach jedem Wechsel zu einer anderen Unterlinie des Hauses Württemberg geschah dasselbe:

Sie starb aus. Ab 1705 gehörte man zum arg weit entfernten Stuttgart. Zäh verhandelte Karl Eugen, der zwölfte Herzog von Württemberg, mit Christian Friedrich Karl Alexander von Brandenburg-Ansbach über einen für beide vorteilhaften Tausch von Gebieten. 1792 war die Sache entschieden.

Gar nicht in Ordnung fanden die Weiltinger, dass damals der Amtmann von Wassertrüdingen bei ihnen im Ort ein Schreiben aufhängte, dem zufolge sie ab sofort unter preußischer Hoheit standen. Frech, wie sie waren, rissen sie es ab. Vier Tage später kam der Amtmann mit 60 bewaffneten Männern zurück. Ein Handgemenge wuchs sich zu einer kolossalen Rauferei aus, wer eines hatte, zückte sein Messer, Frauen schwangen die Bratpfanne. Noch heute müssen sich die Wassertrüdinger anhören, dass sie wie die Russen gelaufen seien. Zu Recht, denn Christian Friedrich Karl Alexander hatte ja 1792 die Verhandlung abgebrochen. Er zog es vor, sein Fürstentum im Ganzen an das liebe Preußen zu verkaufen.

Wo kleine Buben verschwinden

Lohnt ein Besuch?

Auch wenn sich das immerhin 6.000 Einwohner große Wassertrüdingen recht viel Mühe gibt, sich potenziellen Besuchern als ein liebenswert-lebendiges Städtchen zu präsentieren – ein Wandertag auf dem nahen Hesselberg, der höchsten Erhebung in Mittelfranken, kann auch ein besseres Ende finden. Tipp: Das nur vier Kilometer entfernte Dorf Fürnheim ist ein Hotspot für Fans handwerklicher Biere und deftiger Brotzeiten, das Gasthaus der erst 1997 neu eröffneten Forstquell-Brauerei eine Legende (Fürnheim 35, täglich ab 11 Uhr, Nov.–März Mo–Do erst ab 16 Uhr, im Sommer Biergarten).

Was sollte man gesehen haben?

Wie ein im tiefen Meer der Atemluft versunkenes und zu Stein erstarrtes Containerschiff der ULCS-Klasse – zu groß für die Elbe – liegt der **Hesselberg** in den Weiten des mittelfränkischen Bauernlands: 689 Meter hoch, nur einen Kilometer breit, aber sechs Kilometer lang. Da ihm die US Army 1945 eine Radarstation aufgesetzt hatte, war seine Gipfelzone lange nicht zugänglich. Startpunkt für Wanderer ist das Dorf Gerolfingen, man fährt vom Zentrum die Hesselbergstraße hinauf, parkt dort am Evangelischen Bildungszentrum. Von dort der Straße zu Fuß weiter folgen, bis ein Kiosk erreicht ist (Faule parken erst jetzt). Hier beginnt der Klassiker unter den ausgeschilderten Wanderpfaden, der Rundweg Nr. 1. Er führt quasi auf dem Schiffsdeck um den mythischen Gipfel herum und überrascht immer wieder neu mit **sensationellen Ausblicken**. Bei gutem Wetter sind sogar die Alpen zu sehen. Alternative Routen finden sich wie von selbst, die Wege, die geologischen, botanischen und historischen Sehenswürdigkeiten sind hervorragend ausgeschildert und erklärt. Eltern, bitte achtet gut auf eure Kinder, einer Sage zufolge lauert in einer der Höhlen der Teufel auf seine Leibspeise: kleine Jungen. Er teilt sich den Gipfel mit einer ganzen Schar von Geistern, die aber vorwiegend nachts ihr Unwesen treiben.

Sackaufschneider

Was halt so auf einen zurollt

Historiker, die sich auf die kleinen Leute spezialisiert haben, können in Landschaften lesen. Forschen sie zum Thema Entbehrung, schlagen sie jene Regionen nach, die an große dichte Wälder grenzen. Landwirtschaft wäre dort so zielführend gewesen, wie in der Wüste Karpfen zu züchten. Deshalb suchen sie nach deren Rändern. Wo sich das Roden noch gerade so gelohnt hat, sind die Menschen nicht verhungert, aber auch nicht satt geworden.

Weißdorf, im 14. Jahrhundert und damit weit nach der Besiedelung des Fichtelgebirges erstmals urkundlich erwähnt, liegt in einer dieser Magerzonen. Nicht so schlimm, wenn man Köpfchen hat. In diesem Fall kam ihre zündende Idee ausgerechnet bei jenen, die regelmäßig etwas Geld hätten dalassen können, ganz schlecht an. Bei den Fuhrleuten und Händlern. So schlecht, dass vor den Weißdorfern als Sackaufschneidern gewarnt wurde.

Weißdorf liegt an der Straße von Münchberg nach Rehau. Sie führt dort so steil bergan, dass Ross und Mensch am Scheitelpunkt – gleich beim Wirtshaus – innehalten und durchschnaufen mussten. Zeche machen empfahl sich nur, wenn man etwas wirklich Wertvolles, ja vielleicht sogar Gold und Silber, transportierte. Die anderen hingegen beklagten an dieser Stelle lautstark, dass ihnen etwas fehlte. Speziell, wenn sie Kartoffeln von A nach B brachten. Erst so tun, als ob man von hinten schieben hilft. Dann ein kleiner Schnitt mit dem Messer. Ein zweiter Mann, der die Klöße in spe, die den Berg hinabkullern, schnell zu Hause im Keller der eigenen Ernte untermischt. Soll doch die Gendarmerie das ganze Dorf auf den Kopf stellen. Beweis mir mal, von welchem Acker welche meiner Knollen stammt.

Satt hat das nicht gemacht. Von 1839 bis 1900 wanderten gut 50.000 Oberfranken nach Amerika aus. Weißdorf lag über dem Durchschnitt. Zurück blieben nur die Ärmsten der Armen, die sich die Überfahrt in ein besseres Leben nicht leisten konnten.

Viel Sinn fürs Wegmachen & Weggehen

Lohnt ein Besuch?

Aus welchen Gründen brechen vereinzelt Ausflügler auf der Staatsstraße 289 von Münchberg in Richtung Rehau auf? 1) Eine Vollsperrung besserer Routen nach Böhmen. 2) Ein übersteigertes Interesse an Landschaft. 3) Eine ins Psychopathische kippende Neigung zu Gegenden, die bewohnt und dennoch aufgegeben sind. Gibt es Argumente, warum man bei dieser Gelegenheit in Weißdorf Station machen sollte? Fehlanzeige! Rothenburg ob der Tauber war so arm, dass dort 400 Jahre lang kein Haus gebaut werden konnte. Dinkelsbühl ebenso. Aber Armut macht nicht immer schön. Der beste Beweis: Weißdorf.

Was sollte man gesehen haben?

Weißdorf zählt zu jenen Dörfern, die dem Fremden zwei grundlegende Wesenszüge der Nordostoberfranken klar vor Augen führen: den trotzigen Unwillen, bei Bauvorhaben Stilsicherheit zu zeigen, und die Unlust, diese überhaupt durchzuführen. Der Ortskern ist von Häusern geprägt, die, nachdem man den Altbestand abgerissen hat, nie hochgezogen wurden. Karies nagt auch am historischen Gasthaus, der alten Raststation der Fuhrleute – es wird wohl noch in Jahrzehnten ein neuer Pächter gesucht werden. Vollständig umgesetzt wurde der Neubau der Schule. Mit dem Abriss des Vorgängerbaus hat man auch ein Stück Erinnerung an die Epoche der Auswanderung mit ausradiert. In den Fünfzigern hatte ihn Christian Seidel finanziert, der Weißdorf als 17-Jähriger verlassen und in den USA sein Glück gemacht hatte. Der 17. Geburtstag des Erstgeborenen, das war der Stichtag, an dem sich die Familien für die Emigration entschieden. Ein Jahr lang war nun Zeit, um Grund und Boden, Hab und Gut zu verkaufen, Schulden zu tilgen, Außenstände einzutreiben und sich schließlich in Bremerhaven einzuschiffen. Denn mit 18 hätte sich das Militär den Buben für sechs Jahre Wehrdienst gegriffen. Ohne seine Arbeitskraft aber wollte man drüben nicht ganz neu beginnen.

Totenschieber

Anatomie eines Verbrechens

Bis in die 1970er Jahre war es in Erlangen üblich, dass Väter um Pfingsten ihre Kinder das Gruseln lehrten. Auf dem Weg zum Ereignis des Jahres, der Bergkirchweih, machte die Familie im Universitätsgebäude Krankenhausstraße 9 Station. Dort wollte eine über gut drei Jahrhunderte zusammengetragene Sammlung aus vom Fleisch befreiten Schädeln, in Formaldehyd eingelegten Embryos, Krebsgeschwüren, Staublungen und Gehirnen bestaunt werden.

Nicht alle, deren Körper fachmännisch in ihre Einzelteile zerlegt und zu medizinischen Lehrstücken aufbereitet worden waren, hatten sich zu Lebzeiten damit einverstanden erklärt. Man weiß bei mindestens einem jungen männlichen Exemplar, dass sich eine Ortsgemeinschaft die Kosten für ein Armenbegräbnis sparen wollte. Die Totenschieber lebten in Wettelsheim, einem Dorf weit im Süden von Franken. Als solche beschimpft man zudem ihre Nachbarn: Markt Berolzheim.

Zum Glück für die beiden Dörfer gab es schon in den Kindertagen des Journalismus Medien, die Fakten statt Fake News verbreiteten. 1799 gab die Zeitschrift »Der fränkische Merkur« bekannt, dass es sich bei der Leiche um den 70-jährigen Johann Mathias Geidhöfer handele, der, es war Winter, halb erfroren und verhungert in Wettelsheim um Brot gebettelt hatte. Er stammte aus der Gegend und war bei niemandem beliebt. Deshalb überredete man einen Fuhrknecht, den Greis, der schon nicht mehr recht bei Bewusstsein war, auf seinen Karren zu laden und nach Markt Berolzheim mitzunehmen. Der fuhr, als er ihm unterwegs vom Wagen fiel, einfach weiter. Er hätte ihn eh nicht aufladen können, erklärte er am Zielort – und, dass der Platz, an dem der Alte jetzt liege, schon zu Markt Berolzheim gehöre, folglich die Berolzheimer zuständig seien. Also machten die sich in die Kälte auf, holten Johann Mathias Geidhöfer zu sich und legten ihn in einem Viehstall ab. Drei Tage später läuteten die Totenglocken.

Willst du den Weg allen Fleisches gehen?

Lohnt ein Besuch?

Aufgrund der Art, wie die Bauernhäuser gebaut und gruppiert sind, möchte man glauben, dass Wettelsheim bereits in Schwaben liegt. Zugleich ist das recht stattliche Dorf einer jener Wallfahrtsorte, zu denen die Franken pilgern, um sich ganz einer Religion hinzugeben, die es so nur bei ihnen gibt: Bier und Schweinernes mit Ausblick. Die Region an der südlichen Flanke des Hahnenkamms, des geografischen Trennriegels, den die sparsamen Schwaben den Franken in ihr Hinterland gestellt haben, damit die ihnen keine Äcker wegnehmen, ist ein noch nicht überlaufenes (Rad-)Wanderparadies, in dem man ständig über keltische und römische Hinterlassenschaften stolpert.

Was sollte man gesehen haben?

Bärenhunger und großen Durst mitbringen. Etwas außerhalb von Wettelsheim wird seit 1850, wie es in Franken heißt, »auf« einem in einen Berg getriebenen **Lagerkeller** Bier ausgeschenkt, das die **Familie Strauß** wie eh und je unten im Dorf braut. Neben dem bernsteinfarbenen Trunk versetzen auch die Speisen all jene, die vom Aussterben bedrohte kulinarische Traditionen bewahren wollen, in einen Glücksrausch, denn hier gilt ein Zuviel an Beilagen noch als Beleidigung des Gastes, kommen die Haxe und das Schäufele nur mit Brot und Kraut. Allein das Auge mag nicht satt werden – bei so einem Ausblick übers Altmühltal. Tipp für heiße Tage: die Tellersülze (Straße Richtung Treuchtlingen, Abfahrt ausgeschildert, Mai–Sep. Do–So ab 10 Uhr, Juli/Aug. auch Mo–Mi ab 16 Uhr). Das stattliche Bauerndorf Wettelsheim selbst ist hübsch anzusehen. Johann Mathias Geidhöfer ist nachweislich beerdigt – in Markt Berolzheim. Wir fahren weiter nach Wolfsbronn, dem Ausgangspunkt einer drei Kilometer kurzen Wanderung zur **Steinernen Rinne**, einem kuriosen Naturdenkmal. Auf 128 Metern hat ein Bächlein in Jahrzehntausenden so viel Kalk angespült, dass es auf einem bis zu 1,50 Meter hohen Damm fließt.

Kümmeltürken

Mit Gewalt wird alles besser

Alle zwei Jahre greifen sie in und um Würzburg zu den Waffen. Truppen aus dem Weindorf Winterhausen, dem 1930 eingemeindeten Heidingsfeld und der Mainmetropole selbst vereinigen sich. Die Ära Napoleon prägt das Bild. Denn die größte Faschingskompanie, die Ranzengarde, erweist mit ihren Uniformen jenen Landeskindern die Ehre, die in den Chaosjahren 1796 bis 1814 in die Grande Armée gepresst wurden und irgendwo in Europa tot liegen blieben.

Bei so vielen Kriegen, die die aufs Schlachtfeld beorderten Franken einst davon abhielten, ihre eigenen Äcker zu bestellen, kann man schon mal durcheinanderkommen. In Winterhausen wollen die Karnevalssoldaten den zum Tod verurteilten Jakob Köhl befreien. 270 Jahre bevor Napoleon ganz Europa in Brand steckte, war es dem Hauptmann gelungen, Würzburg zu besetzen. 1525, im zweiten Jahr des Bauernkriegs. Mit einem Haufen Hungerleider und der Artillerie des Götz von Berlichingen. So jung wie der Brauch, zum Auftakt der Straßenfastnacht ihr Rathaus zu stürmen, ist auch, dass sich die Winterhauser geschmeichelt fühlen, von ihren Nachbarn Kümmeltürken gerufen zu werden.

Die Würzburger Ranzengarde zieht schon seit den Fünfzigern regelmäßig in den Häuserkampf. Die Winterhauser Jecken haben sich erst 1993 als Verein organisiert. Seither wird auch bei ihnen der Amtssitz der »Trauerklöße und Miesepeter« sturmreif geschossen. Der Schlachtruf »Kümmel ... Türk!« gibt das Signal, die Obrigkeit aus ihren warmen Stuben zu zerren. Woher er kommt, ist im wahrsten Sinn des Wortes naheliegend. Im Wappen von Winterhausen zieht derselbe Halbmond seine Bahnen, der auch in der Flagge der Türkei aufgeht. Der Platz vor dem Rathaus ist mit Wappen übersät. Ist der Bürgermeister entmachtet, wärmen sich die Soldaten im nächstgelegenen Gasthaus auf. Es liegt gleich gegenüber: das Weincafé Kümmel.

Komm, wir wollen Öl ins Feuer gießen

Lohnt ein Besuch?

Der Ortsname verrät es: Winterhausen liegt am falschen Ufer des Mains, auf der Schattenseite. Seit alters blicken seine Einwohner mit Neid auf ihre Nachbarn, die, so heißt es, selbst in der fünften Jahreszeit ihre Stuben nicht heizen müssen. Das Wappen vom Sommerhausen zeigt in seiner unteren Hälfte denselben Weinstock wie das von Winterhausen. Aber über der Kartusche mit den Trauben lächelt dort die Sonne. Da eine Brücke beide Orte miteinander verbindet, verliert man nicht viel Zeit, wenn man sich aus dem Hauptstrom der Touristen ausklinkt, um sich auch dort ein wenig umzusehen, wo man selbst im August nie ohne Mantel aus dem Haus geht. Keine Weinberge. Und trotzdem: holla! Der Ortskern hat sich in den letzten 150 Jahren so gut wie nicht verändert. Wunderhübsch. Aber auch wie ausgestorben.

Was sollte man gesehen haben?

Da das zwischen dem Fluss und der Uferböschung eingeklemmte Winterhausen bis heute mit nur einer Durchfahrtsstraße auskommt, findet sich der Schauplatz des Rathausturms von selbst. Man bedient sich einfach jener Wegmarke, die in jedem Dorf markiert, wo seine Mitte ist, der Kirche. Schon aus der Ferne erkennen wir, dass ihre Turmspitze einen goldenen Halbmond trägt. Am recht zierlichen Ort des Geschehens angekommen, finden wir ihn an beinahe jedem Haus. Das **Weincafé Kümmel** ist ein Wirtshaus-Veteran, ein Überlebender der goldenen Zeiten der Landgaststätten in und nach dem Wirtschaftswunder. Zu rustikaler Hausmannskost werden feine Rote und Weiße aus der Region ausgeschenkt (täglich außer Di ab 14 Uhr). Wer sich aktiv an den Gewaltexzessen beteiligen oder passiv dabeistehen will: Alle zwei Jahre gestürmt wird auch das Rathaus von Heidingsfeld und der Grafeneckart, der Turm des Rathauses in der Würzburger Innenstadt, in dem Jakob Köhl 1525 auf seine Hinrichtung wartete (Termine und Infos für alle drei Orte auf www.der-elferrat.de).

Buddnscheißer

Nicht ganz sauber? Aber sicher!

Die Städtchen oben im Vogtland und im Fichtelgebirge gelten dem Rest des Landes als Maßeinheit für das, was die Spezies Mensch so alles auszuhalten vermag. Als Steigerung von Hof, Marktredwitz und Selb bildet Wunsiedel das traurige Ende der Leidensskala. Undenkbar, dass es einen Ort geben könnte, der noch weniger Esprit und Lebensfreude ausstrahlt. Wunsiedel liegt so weit im negativen Bereich, dass die Stadt mit −273,2 °C vergleichbar ist. Noch kälter geht nicht, sagt die Physik. Dementsprechend wirken die Bewohner wie eingefroren. Sie haben aufgegeben, sich für eine bessere Zukunft lang zu machen.

Wenn vor 100 oder 200 Jahren ein Franke an Wunsiedel dachte, hatte er ein ganz anderes Bild im Kopf. Damals galten dessen Bürger als eitle Gecken, ja als Snobs, die sich zu fein waren, wie jedermann einfach an Ort und Stelle die Hose herunterzulassen, wenn ein zutiefst menschliches Bedürfnis sie überkam. Alle, von Hof bis Nürnberg, ja

von Berlin bis hinunter nach München, wussten es: Die Wunsiedler hatten in ihren Häuser Behältnisse stehen, Buddn, die nur dafür da waren, das tägliche große und die kleinen Geschäfte in sich aufzunehmen. Einmal in der Woche wurde das Gesammelte in den Fluss, die Röslau, geleert. In Berlin, Hof, Nürnberg, München hingegen: auf jedem Zentimeter Straße braune Tretminen. Toiletten sind eine junge Erfindung.

Ganz böse Zungen munkeln, dass die Wunsiedler ihre durchverdauten Speisen und Getränke aber nicht der Hygiene wegen, sondern aus einer Angst heraus über Tage bei sich im Haus behielten, die nicht unbegründet war. Keine andere Stadt dürfte ähnlich oft bis zu zwei Drittel ihrer Häuser bei einem Großbrand verloren haben. Nach 1476, 1547, 1607, 1636, 1644, 1646, 1657 und 1731 hieß es 1834 wieder: Löschen, Leute, löschen! Und auch dieses Mal kam es auf jede Sekunde und jeden Eimer an. Aber nicht auf die Herkunft, Art und den Geruch der Flüssigkeit.

Was soll bloß aus dir werden?

Lohnt ein Besuch?

Zur Ehrenrettung jenes Städtchens, dessen Imagewerte sogar noch schlechter sind als die seiner großen Schwester Hof, muss zunächst mit einem Missverständnis aufgeräumt werden. Eigentlich ist der Wunsiedler ein freundlicher und hilfsbereiter Zeitgenosse. Er kann gar nicht anders. Dass man sich als Fremder angefeindet fühlt, weil der Wirt eine Grimasse zieht, wenn man ihm am trostlos tristen Marktplatz zum Bier einen Snack abverlangt, oder gar bedroht, nur weil man in einem Laden etwas einkaufen möchte, basiert auf einer Endlosschleife an Missverständnissen. Wunsiedel wurde weit im Abseits gegründet. Vor 900 Jahren. Und zu allem Unglück auch noch fast schon drüben in der Oberpfalz. Ist es bei dieser Lage ein Wunder, dass die Wunsiedler nicht verstehen können, warum ihr Regelwerk des guten Umgangstons so gar nicht dem entspricht, was sich der Rest der Welt in den letzten 5.000 Jahren Zivilisationsgeschichte erarbeitet hat? Ihre Hilfsbereitschaft artikulieren sie so, wie sich alle anderen verhalten, wenn sie ihre schwarze, garstige Seite herausstellen. Und wenn sie besonders nett sind, wirken sie auf den Rest der Welt unangemessen derb. Jeder Kontakt führt zur Frustration! Auf beiden Seiten. Die Wahrheit ist noch bitterer. Wunsiedel übt auf Studenten der Sozialpädagogik, die sich gerade auf den praktischen Teil ihrer Prüfung vorbereiten und deshalb das Gespräch suchen, eine magische Anziehungskraft aus. Ohne Hilfe von außen wären die Wunsiedler freilich nicht einmal mit einem Häufchen Neonazis fertiggeworden, das jedes Jahr in ihre Stadt einfiel, um des hier bestatteten Stellvertreters Hitlers, Rudolf Heß, zu gedenken. 2014 brachte das Berliner Zentrum Demokratische Kultur Sponsoren mit, die für jeden Meter, den die Ewiggestrigen zurücklegten, zehn Euro an Exit spendeten, eine Hilfseinrichtung für Aussteiger. Seither ist Ruhe. Na geht doch!

Was sollte man gesehen haben?

Nichts.

Meebrunzer

Vor ihren Spöttern sind alle gleich

Als Würzburgs Alte Mainbrücke, bis 1886 die einzige Verbindung über den Fluss, noch mit Häusern bebaut war, wäre die Idee gar nicht so abwegig gewesen, dort ein Trainingsquartier für Italienreisende einzurichten. Es hätte die Jünger Goethes auf den Ernstfall vorbereitet, ein Erdbeben. Die ständigen Kollisionen der Flöße, die vom Frankenwald in Richtung Holland unterwegs waren, setzten dem Bauwerk derart zu, dass es 1476 von Grund auf neu errichtet werden musste. Gebannt war die Gefahr dadurch nicht. Auch, weil die Flöße immer noch größer wurden: bis zu 400 Meter lang und fünf Baumstammlagen dick.

Dass sich die Flößer bei ihrer Durchfahrt nicht auf die Pfeiler konzentrierten, dürfte mit einer Angewohnheit zu tun haben, die den Dörfern und Städten am Ufer des Mains Spitznamen eingebrockt hat, die alle mit Brunzer oder Scheißer enden. Die Mainstockheimer, Bergrheinfelder, Kitzinger, Albertshöfer, Ochsenfurter und Schweinfurter waren Brunzer.

Die Bischberger, Zeiler, Eltmanner und Bergrothenfelser Scheißer. Die Würzburger waren immer beides: Mee-, Mainbrunzer und Mainscheißer. Selbstverständlich wurden auch andere Fließgewässer verballhornt. Die Oberkotzauer sind bis heute dafür bekannt, dass sie in die Saale pinkeln. Die Marktleuthener nennt der Volksmund Egerscheißer.

Man muss sich folgende Szenerie vor Augen führen: Männer, die seit Tagen auf einem Floß kaserniert sind. Gemächlich treibt ihr Gefährt auf die Mainbrücke zu. Ihre Blicke sind wie festgenagelt, denn oben stellt sich eine junge Frau direkt an die Brüstung, hebt ihre Röcke, bückt sich und strafft dabei ihre blanken Backen. Dass man beim Stichwort Wildpinkler heute automatisch an einen Mann denkt, taucht die Vergangenheit in ein falsches Licht. Bis sich Würzburg 1890 seine erste Kanalisation gönnte, zogen dort alle vor aller Augen blank. Auch die Damen ließen es nach Lust und Laune hageln oder regnen.

Rot oder weiß?

Lohnt ein Besuch?

Wenn die Würzburger im Sommer Feierabend machen, beginnt sich Frankens schönste Weinstube zu füllen. Am Aufgang zur Alten Mainbrücke reihen sie sich in eine Schlange ein und lassen sich durch ein Fenster ein Viertel Roten oder Weißen reichen. Dann plaudern sie mit Kollegen, Freunden und den aus nah und fern angereisten Touristen – unter ihnen der Fluss, zur Rechten und zur Linken das detailverliebte Panorama der Bischofsstadt. Auf der Alten Mainbrücke herrscht eine grandios entspannte Atmosphäre. Mag auch der große Rest des 1945 im Bombenhagel untergegangenen Würzburg ein Symbol für den Mangel an Sensibilität sein, den die Architekten des Wiederaufbaus an den Tag legten – überall in Deutschland. Spätestens wenn die Sonne hinter dem Ufer versinkt, weiß man, dass man immer wieder nachgeschenkt bekommen, aber nie von hier weggehen will.

Was sollte man gesehen haben?

Würzburgs **Alte Mainbrücke** hat viel Übung darin, den Zahn der Zeit und die Wunden des 20. Jahrhunderts zu kaschieren. Original ist kaum ein Stein. 1488 fertiggestellt, gab ihr beinahe jede Generation ein neues Gesicht. Ihre berühmten, millionenfach fotografierten Heiligenfiguren bekam sie erst im 18. Jahrhundert. Bis dahin trug sie Häuser, Werkstätten und ein Stadttor. Zwischen welchen Pfeilern den Flößern die Durchfahrt erlaubt war, änderte sich mehrmals. Blickt man auf der Domseite von der Rampe, die zur Brücke hinaufführt, findet man mainabwärts direkt zu seinen Füßen ein ockergelbes Gebäude, die Alte Mühle. Um ihre Mahlsteine anzutreiben, wurde 1644 vor der Brücke ein Stauwehr gebaut. Von da an hatten die Flößer noch mehr Zeit, nach Wildpinklerinnen Ausschau zu halten. Die Männer mussten warten, bis der sogenannte Lochfischer eine Palisade aus Holzpfählen abgebaut hatte, die den dritten Bogen abriegelte. Hatte das Gefährt die Brücke passiert, wurde die Sperre neu aufgebaut.

Tellerlecker

Böse Zungen gehen mit der Zeit

1902 war in Würzburg gar nichts mehr so, wie man es 1.200 Jahre lang für gut befunden hatte. Die nicht enden wollenden Umbrüche des 19. Jahrhunderts spiegeln sich im Austausch des Spitznamens, mit dem man die Bewohner des fünf Flusskilometer mainaufwärts gelegenen Dörfchens Zell traktierte. Bis 1803 waren sie als Hafenputzer verschrien. Dann wurde das Fürstbistum Würzburg von Bayern geschluckt und die Säkularisation, die Auflösung der Klöster, nachgeholt. Hafen ist ein altes Wort für Schüssel. Klopften die ärmeren Zeller an die Pforte eines ihrer beiden Klöster, bekamen sie in einer solchen eine Mahlzeit gereicht. Ab 1803 gab es nichts mehr zu verputzen.

Wider Erwarten stellte sich 1822 heraus, dass die Würzburger der alten Schimpfkanonade treu bleiben konnten, obwohl sie sich eine neue überlegen mussten. Ein Rabbi namens Mendel Rosenbaum kaufte sich das Untere Kloster. Jetzt wurde dort für die mittellosen der 70 Familien gekocht, die ihm in den kleinen, letztlich nur aus einer einzigen Straße bestehenden, zwischen Fluss und Steilufer eingepassten Ort gefolgt waren. In Zell sammelten sich Juden, die wegen der Hep-Hep-Pogrome ins heutige Israel auswandern wollten. Am 2. August 1819 waren Studenten mit dem Ruf »Hep-Hep« durch Würzburg gezogen. Weil sich die Burschen auf ihre Parole folgenden Reim gemacht hatten, war 400 ihrer Mitbürger klar geworden, dass sie besser aus der Stadt verschwinden: »Jud', verreck!«

Obwohl sich die jüdische Gemeinde 1909 auflöste, konnte der Spottname Tellerlecker bis heute beibehalten werden. 1902, als die Reblaus dem bereits am Boden liegenden fränkischen Weinbau den Garaus machte, war Zell ganz unten gelandet. Nach einem langen wirtschaftlichen Sinkflug. Es heißt, dass sich die vormals schwerreichen Weinhändler von da an von Gasthaus zu Gasthaus durchbettelten, denn sie ernährten sich davon, die Teller der Gäste sauber zu lecken.

Für immer auf der Schattenseite

Lohnt ein Besuch?

Das 1833 zum Markt erhobene Zell liegt am falschen, am kalten Ufer des Mains. Weil es dort keine Weinberge gibt, lassen die vielen Ausflügler, die ja wegen der von der Sonne verwöhnten Lagen gekommen sind, den Ort links liegen. Was sie verpassen? Ein historisches Kleinod, dem es aber leider nicht gelingt, aus seinem Schattendasein zu treten, sosehr es sich auch bemüht. Weil Zell so traurig wirkt wie ein Hund, dem soeben klar geworden ist, dass man alle außer ihm aus dem Tierheim abholen wird, folgender Tipp: Was für ein Schatzkästlein sich da am Main versteckt, offenbart sich erst, wenn man sich einer Führung anschließt (Termine im Sommer auf www.zell-main.de).

Was sollte man gesehen haben?

Wer das schmale, an den Sockel des Steilufer-Felsens geklebte Zell auf eigene Faust erkunden will, parkt am besten bei der Mainbrücke. Südlich des Flussübergangs: die Überreste des Klosters Oberzell, in dem 1817 mit Koenig & Bauer die weltweit erste Fabrik für Druckmaschinen gegründet wurde. Nördlich der Eingang zur **Altstadt**, die nur aus einer Straße besteht, an der sich die Geschäfts- und Wohnhäuser der Weinhändler aneinanderreihen. Man sieht ihnen an, dass es ihren Besitzern im 18. Jahrhundert gelungen war, sich am wichtigsten Handelsplatz ihrer Zeit, dem Weinmarkt von Frankfurt, eine Schlüsselstellung zu erarbeiten. Bei der Sparkassenfiliale biegt ein Gässchen nach links in den **Klosterhof**. Jetzt befinden wir uns im Herzen der 1822 von Mendel Rosenbaum initiierten Diaspora fränkischer Juden, die gern ins heute Israel übergesiedelt wären. Leider zeigt sich das Kloster Unterzell als Ruine, es brannte 1945 ab. Im benachbarten **Judenhof** befanden sich einst die Wohnung Mendel Rosenbaums, die Synagoge und eine Mique, ein Ritualbad. Leider erkennt man als Laie nicht viel, ist die perfekt erhaltene Laubhütte nur in Begleitung eines Stadtführers zugänglich.

Schafköpfe

Das Leben ist (k)ein Spiel

Es gibt keine Regel, wie lange eine Ortsbeleidigung in aller Munde bleibt. Manche werden seit 400 Jahren gepflegt und noch heute skandiert, um eine Rauferei vom Zaun zu brechen (siehe Kronach). Andere sind irgendwann mit den Alten ausgestorben. Noch Ende der 1960er Jahre wusste jeder Zirndorfer, dass die Bewohner der Spielzeugstadt, in der 1880 der Brummkreisel erfunden wurde, den anderen als Schafköpfe gelten. Nie gehört, schüttelt die heutige Generation Playmobil den Kopf. Playmobil, der Hit der Zirndorfer Brandstätter-Gruppe, lässt seit 1974 Kinder vor Freude kreischen.

Leider ist zu dieser Pöbelei nur überliefert, dass sie mit der Kärwa in Zusammenhang stand, der Kirchweih, auf der sich selbst der Bravste viel zu viel Bier in die Kehle schüttete und, sobald es oben in seinem Köpfchen eingetroffen war, die Sau rausließ.

Wer sich als junges Bärschla (oder fesches Maadla) in den Zwanzigern auf der Zirndorfer Kärwa verlustiert

hat, für den war es ganz normal, dass neben ganzen Schweinen auch jenes Tier am Spieß gebraten wurde, das auch gläubige Juden essen dürfen. In großen Mengen. Wie es für ihn normal war, dass ihn nach 1938 kein knusprig krosser Schafkopf mehr beschworen hat, doch seine zarten Bäckchen zu schmecken. In dem Jahr wurden die letzten 25 Mitglieder der stattlichen hebräischen Gemeinde vertrieben.

Auch im Zirndorfer Stadtarchiv ist über die Pöbelei nichts bekannt, spontan tippt man dort auf einen anderen Hintergrund: den Spieltrieb, dank dem geschickte Hände den Brummkreisel, Playmobil und zig andere Kinderfreuden erfinden konnten. Im Vorort Weinzierlein hilft bis heute die Kartl-Akademie ihren teils von weit angereisten Eleven, immer ein Ass im Ärmel zu haben. Auf welcher fränkischen Kärwa ihre gwieften Trainer in den Zwanzigern auch auftauchten, sie machten ordentlich Eindruck. Mit ihrem Spiel. Welchem? Schafkopf. Natürlich.

Ganz viel Blech zum kleinen Preis

Lohnt ein Besuch?

Wenn Kinder das Wort Zirndorf in den Mund nehmen, schrillen bei ihren Eltern die Alarmglocken. Denn die Kleinen wollen in den Playmobil Fun Park, ein 90.000 Quadratmeter großes Spielzimmer, das noch jeder mit mehr blau grundierten Kartons, als er tragen kann, und einem leeren Geldbeutel verlassen hat. Und sie werden quengeln! Deshalb wird die üppig in die Breite gewucherte Kleinstadt auffällig oft mit den Großeltern angesteuert. Die freuen sich, dass es in der schmucken Altstadt recht gemütlich zugeht. Da man in der für die Region typischen, aus Sandstein und Fachwerk kombinierten Bilderbuchkulisse auf schulkindgroße Playmobilfiguren trifft, trotten die Kleinen dort bereitwillig mit. Denn an der nächsten Ecke könnte ja noch eine auftauchen.

Was sollte man gesehen haben?

Nürnberg steht im Ruf, die fränkische Spielzeugstadt zu sein. Pustekuchen! Wer sich für den Tand interessiert, den man seinen Sprösslingen in vergangener Zeiten unter den Weihnachtsbaum gelegt hat, ist in Zirndorf viel besser aufgehoben. Das **Stadtmuseum** mag nicht wirklich groß sein, aber seine wohlinszenierte Abteilung zur Produktion von Babyrasseln, Puppenküchentöpfchen und Sandförmchen vermag ein Stück Geschichte in den Fokus zu rücken, das andere Häuser allzu gern ausklammern. In Zirndorf wurden keine Paradestücke gefertigt, die Sammlerherzen höher schlagen lassen. Die lokalen Firmen hatten sich auf Blechzeug für jedermann, auf Spielzeug für die ärmere bis arme Bevölkerung also, spezialisiert (Spitalstraße 2, Di–So 11–16 Uhr). Wer dem Lebensgefühl der Juden, aber auch dem Knüppel des Antisemitismus nachspüren will, dem sei »Die Juden von Zirndorf« empfohlen, der zweite, 1897 erschienene Roman des Fürther Schriftstellers Jakob Wassermann. Die **Zirndorfer Synagoge**, die in der Reichspogromnacht geplündert, aber nicht angezündet wurde, ist heute ein Wohnhaus (Kleinstraße 2).

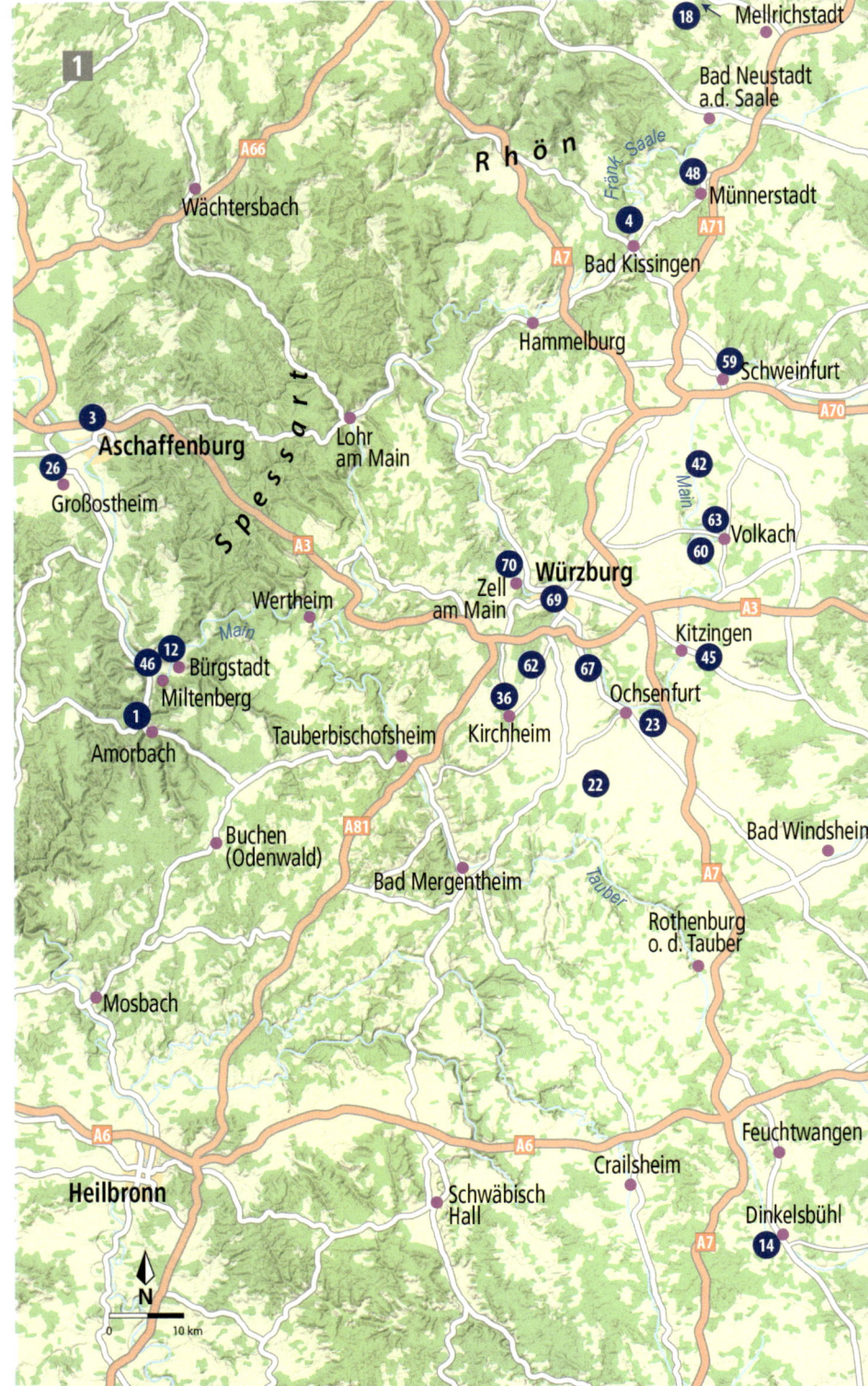

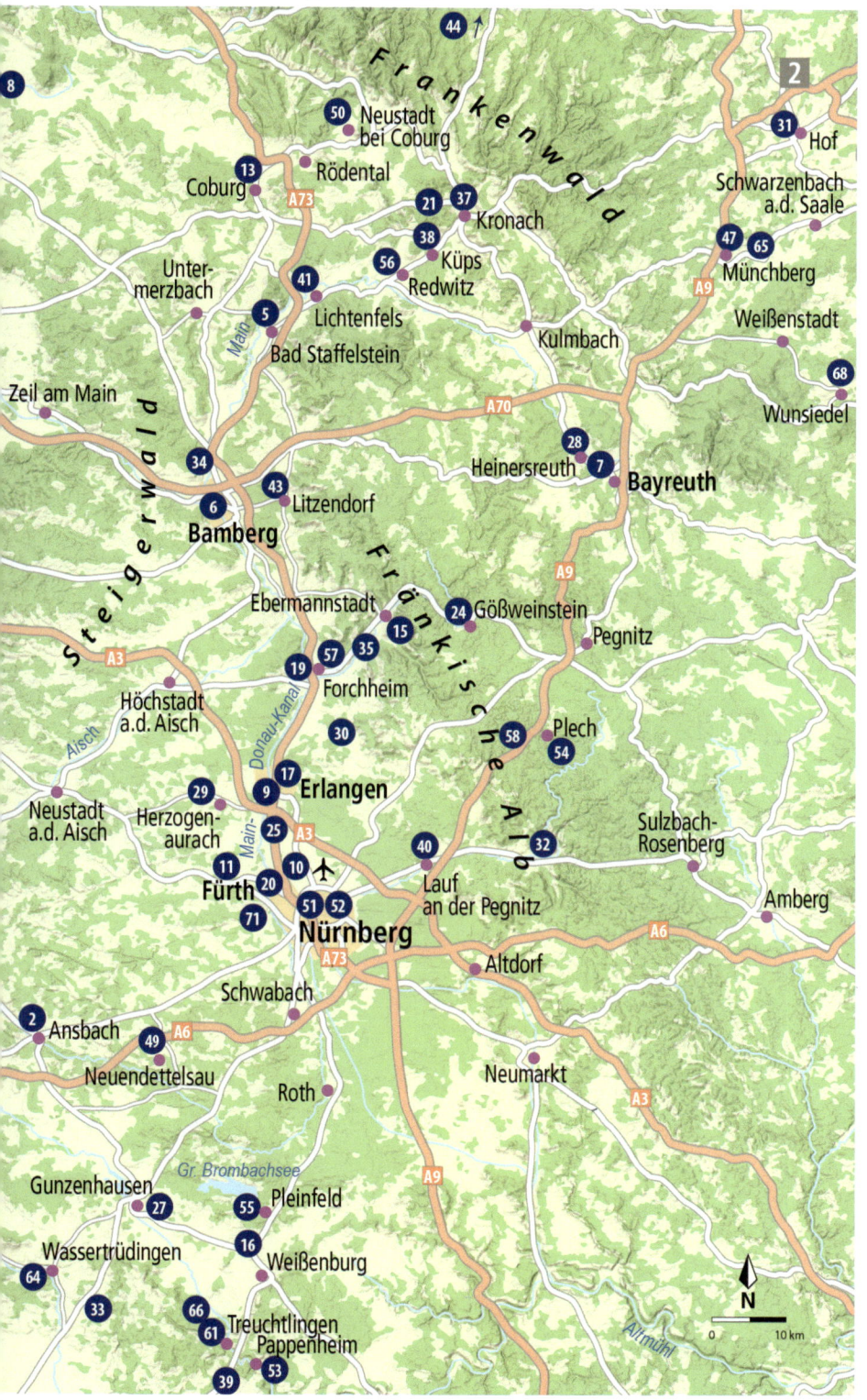

Bibliografische Information der Deutschen Nationalbibliothek
Die Deutsche Nationalbibliothek verzeichnet diese Publikation
in der Deutschen Nationalbibliografie; detaillierte bibliografische
Daten sind im Internet über http://dnb.d-nb.de abrufbar.

Umschlaggestaltung: Anja Sauerland, Köln – www.paper-love.com

Text und Bilder: © Martin Droschke
Satz und Gestaltung: Anja Sauerland, Köln – www.paper-love.com
Lektorat: Christoph Nettersheim, Nürnberg
Umschlagmotive: shutterstock.com/motorolka; FooTToo;
PRILL; Hedez; DnD-Production.com; AlenKadr
Kartografie: altancicek.design – www.altancicek.de

Druck und Bindung: CPI – Clausen & Bosse, Leck
Printed in Germany

ISBN 978-3-7408-0546-3

Unser Newsletter informiert Sie regelmäßig über Neues von emons:
Kostenlos bestellen unter www.emons-verlag.de